"톰 라이트는, 우리가 아직은 악의 문제를 제대로 해명할 수 없다고 말한다. 대신에 하나님이 악을 정복하기 위해 일하시는 이야기, 곧 십자가에서 바닥을 치고선 새 희망으로 솟아오르는 이야기를 새로이 들려준다. 이를 통해 그는 악에 대한 성경의 (불완전한?) '해명'을, 우리가 이해하고 상상하고 용서를 통해 실천할 수 있는 이야기로 만들어 놓는다. 그런 점에서 톰 라이트의 화법은 '누가 내 이웃인가?'라는 추상적 물음을 '너도 가서 이와 같이 하라'는 실천적 요구로 돌려놓는 예수님의 화법을 닮았다."

―권연경, 숭실대 기독교학과 교수

"이 책은 악에 대한 하나님의 대응 방식을 명쾌하게 풀어주는 걸작이다. 저자는 욥기, 시편, 이사야서, 다니엘서 그리고 복음서와 초대교회를 드라마처럼 펼쳐가며 악의 근원을 파헤치는 동시에 이를 처리하시는 하나님의 방식을 설득력 있게 묘사한다. 나아가 그리스도께서 십자가 위에서 악을 철저하게 심판하신 후 용서와 포용을 보이신 것처럼, 독자들에게 과감하게 악에게 악의 이름을 붙일 것과 용서와 관용을 촉구한다. 이 땅에 하나님의 진정한 공의와 샬롬이 편만하기를 바라는 모든 그리스도인의 필독서다."

―김성수, 전 고신대 총장

"구약과 신약의 주석을 근거로 고대와 현대를 넘나드는 통찰력으로 악의 문제를 다루는 라이트의 책은 적은 분량에도 그야말로 압권이라 아니 할 수 없다. 교회는 악이 그저 불신자의 문제에 불과한 것처럼 치부했지만, 이 책은 세상과 기독교 안에 여전히 남아 있는 악의 문제에 대한 탁월한 분석과 해결책을 제시한다."

―김지찬, 총신대 구약학 교수

"「악의 문제와 하나님의 정의」는 이 주제에 관하여 성경과 기독교 사상이 말하는 바를 믿을 만하고 생동감 있게 요약한다. 이 책의 중심 주장은 우리가 악의 문제를 피조세계를 떠나서가 아니라 피조세계 안에서 직면해야 한다는 것이며, 그 드라마에 사람이 맡은 역할이 있으며, 그 역할은 또한 진정한 인간이 되는 것의 의미와 연결되어 있다는 것이다. 고난은 영원한 수수께끼가 되어야 할 필요가 없다. 그것은 이 세계라는 실재와 하나님의 목적이라는 구조물 속의 하나의 기둥이다. 이 책은 악이라는 인간 실존의 커다란 이슈에 대한 매우 유용한 입문서다."

―라민 사네, 예일대학교 역사학 교수

IVP(InterVarsity Press)는
캠퍼스와 세상 속의 하나님 나라 운동을 지향하는
IVF(InterVarsity Christian Fellowship)의 출판부로
생각하는 그리스도인을 위한 문서 운동을 실천합니다.

ⓒ Tom Wright, 2006
This translation of *Evil and the Justice of God*
first published in 2006 is published by arrangement with
The Society for Promoting Christian Knowledge, London, England
through of rMaeng2, Seoul, Republic of Korea.
All rights reserved.

Korean edition ⓒ 2009 by Korea InterVarsity Press
156-10 Donggyo-ro, Mapo-gu, Seoul 04031, Republic of Korea.

악의 문제와 하나님의 정의

Evil and the Justice of God

톰 라이트 지음
노종문 옮김

IVP

차례

서문   7

1. '악'은 아직도 말하기 꺼려지는 단어다: 새로운 악의 문제   11
들어가는 말 | 새로운 악의 문제 | 새로운 허무주의: 포스트모더니티
악에 대한 섬세한 관점을 찾아서 | 나오는 말

2. 하나님은 무엇을 하실 수 있는가?: 불의한 세계, 정의로운 하나님?   47
들어가는 말 | 축복의 갱신 | 해결책이 되는 백성, 문제를 일으키는 백성
나의 종 이스라엘, 나의 종 욥 | 나오는 말

3. 악 그리고 십자가에 못박히신 하나님   85
들어가는 말 | 복음서 다시 읽기 | 악을 처리하시는 예수
악의 정복에 대한 초기 그리스도인들의 관점
결과들: 속죄와 악의 문제

4. 악이 없어진 세상: 해방된 세상에 대한 하나님의 약속   117
들어가는 말 | 막간: 권세들에게 이름 붙이기 | 악이 사라진 세계
중간 단계의 과제들 | 상상력 기르기 | 나오는 말

5. 악에서 구하옵소서: 자신과 타인을 용서하기   153
들어가는 말 | 악에 대한 하나님의 궁극적인 승리
현재 삶에서의 용서 | 나오는 말

역자 후기   193
주   199
인명 및 주제 색인   201
성경별 주제 색인   213

서문

몇 년 동안 부활에 대한 책을 쓰고 난 후인 2003년 초부터, 저는 예수님의 십자가 사건에 관심을 가지게 되었습니다. 그 주제에 어떻게 접근해야 할지 생각하는 동안, 저는 그보다 먼저 다루어야 할 내용이 있음을 깨닫게 되었습니다. 그리스도인들은 예수님이 죽음을 통해 성취하신 일에 대해 생각할 때, 종종 십자가를 악에 대한 응답 또는 악의 결과라고 말합니다. 그런데 악이 무엇일까요?

저는 이것과는 매우 다른 이유로 같은 질문에 직면한 적이 있었습니다. 2001년 9월 11일 테러리스트들이 뉴욕의 쌍둥이 빌딩과 워싱턴의 펜타곤을 비행기로 들이받은 사건과, 제가 십자가와 악의 문제에 대해 묵상하게 된 2003년도 사이에 갑자기 '악'이 뜨거운 주제로 부상했습니다. 조지 부시는 반드시 처리되어야 할 '악의 축'이 존재한다고 선언했습니다. 영국 총리 토니 블레어는 정치인의 과제가 세상에서 악을 제거하는 것이라고 공언했습니다. 좌파와 우파의 비평가들이 한목소리로 그런 분석과 해결책에 대해 의문을 제기했는데, 이라크 전쟁과 그 결과들은 그러한 의심이 충분히 타당했음을 보여 줍니다.

2003년 전반기에 저는 제가 묵상한 내용을 기초로 당시에 제가 일하던 웨스트민스터 성당에서 다섯 번의 강의를 진행했습니다. 그리고 블레이크웨이 프로덕션이 제작한 텔레비전 프로그램에서 그 내용을 요약해 보았습니다. 그 프로그램은 2005년 부활절에 영국의 4번 채널을 통해 처음으로 방영되었는데, 그 자료는 블레이크웨이(www.blakeway.co.uk)에서 구할 수 있습니다. 제가 말하려는 것을 이해해주고 특별한 매체를 통해 전달할 수 있도록 도와준 프로듀서 데이비드 윌슨과 데니스 블레이크웨이에게 감사를 전합니다. 그 프로그램에서 주어진 49분 동안 제가 말하려고 애쓴 내용에 의아함을 느꼈던 시청자들은 이 책에서 더 온전한 모습으로 제시된 내용을 읽으면 아마 마음이 좀 누그러질 것입니다.

이렇게 말하기는 했지만, 제가 여기서 제시한 내용이 악의 문제나 좀더 구체적으로는 예수님의 십자가 사건의 의미를 균형 잡힌 시각으로 완전하게 다룬 것이라고 말할 수는 없습니다. 이 책의 가운데 장에서 저는 예수님의 죽음이 아주 유익하다고 믿는 각도에서 접근합니다. 그러나 예수님의 죽음이 가진 의미와 구원하는 효과를 더 완전하게 설명하려면, 제가 여기서 언급한 것보다 훨씬 더 많은 질문을 제기하고 대답해야 하며, 더 많은 성경 본문과 신학적·철학적 사상들을 다루어야 한다는 것을 저는 잘 압니다. 이 책에서는 그럴 만한 공간이 허락되지 않지만, 저는 적어도 이 책이 앞으로 나아가야 할 방향을 제시할 수 있기를 바랍니다.

첫 번째 강의에서는(지금은 첫 번째 장이 되었지만) 성경에 등장하는 길들일 수 없는 성난 바다를 중심 이미지로 삼았습니다. 그런데 그 후 2004년 크리스마스 선물의 날(Boxing Day, 12월 26일 영국 등 영연방국가들에서는 이날 상자에 모은 돈을 피고용인들이나 가난한 사람에게 나누어 주는 풍습이 있다—역주)에 인도양을 가로질러 온 쓰나미가 사람들과 마을들을 강타해서 모든 것을 산산조각 내 버린 사건을 보고 저는 경악하지 않을 수 없었습니다. 그리고 2005년 8월에 허리케인 카트리나가 뉴올리언스와 미국 멕시코만 대부분을 뒤덮었을 때, 저는 세상의 다른 모든 사람과 마찬가지로 무서운 데자뷔(déjà vu)를 느꼈습니다. 제가 이 책을 누구에게 헌정하는 것이 좋을지 자문했을 때, 그 두 재난과 뒤이은 파키스탄과 카슈미르의 지진에서 죽은 사람들과 9/11 사건의 희생자들을 기리는 것이 가장 좋겠다고 생각하게 되었습니다. 그들은 '악의 문제'가 현 세계에서 '풀어 내야' 할 문제가 아님을 우리에게 상기시켜 줍니다. 우리의 일차적인 과업은 해결할 수 없는 철학적 질문들에 대해 답을 찾는 것이 아니라, 예수님의 죽음에 기초하고 성령님의 능력을 힘입어 곧 도래할 하나님의 새로운 세계의 표지들을 '이 악한 시대' 한가운데로 가져오는 것입니다.

오클랜드 성에서,
톰 라이트

1. '악'은 아직도 말하기 꺼려지는 단어다
_ 새로운 악의 문제

들어가는 말

요한계시록 21장에 따르면 새 하늘과 새 땅에는 더 이상 바다가 존재하지 않습니다. 많은 사람이 이 사실에 실망합니다. 바다를 바라보거나 바다 위를 항해하거나 바다에 몸을 담그고 수영하는 것은 언제나 즐거운 일입니다. 적어도 바다의 배반하기 좋아하는 습성이나 불시에 기분을 바꿔 버리는 변덕과 타협하면서 생계를 이어가야 할 필요가 없는 사람들에게는 말입니다. 저 자신도 늘 바다를 보러 다니고 가끔은 바다 수영도 즐기기 때문에, 이런 놀라움과 실망에 공감합니다. 그러나 성경적 세계관이라는 더 큰 틀 속에서 우리는 그 사실이 의미하는 바를 조금씩 가늠하게 됩니다.

바다는 물론 본래부터 창조된 세계의 일부입니다. 바다는 창세기 1장에서 마른 땅보다 먼저 등장하며, 이 바다로부터 땅과 여러 생물이 나옵니다. 하나님은 여섯째 날 끝에 지으신 세상을 보시며 "참 좋다"고 말씀하셨는데, 바다는 그 세상의 한 부분입니다. 그러나 창세기 6장의 노아 이야기에만 와도 홍수가 하나님이 지으신 온 세상을 위협하는 세력으로 등장합니다. 하나님의 은혜로운 경고 때문에 노아와 그의 수상 동물원은 그 위협으로부터 구출을 받지만, 그 사건은 마치 선한 피조세계 자체로부터 혼돈의 괴력들이 쏟아져 나와 하나님의 심판을 실행하는 것처럼 보입니다.

그 이야기 뒤로 우리는 쭉 바다에 대해 듣지 못하다가, 모세와 이스라엘 사람들이 이집트 군대에 쫓기다 발을 동동 구르며 바다 앞에 서 있는 장면을 만나게 됩니다. 하나님은 자신의 백성을 구출하기 위해 바다 가운데로 길을 내셨습니다. 그리고 다시 한 번 이방 세계를 심판하셨습니다. 비록 새로운 양식으로 제시되지만 어떤 측면에서 보면 같은 이야기입니다. 나중에 이스라엘의 시인들은 하나님 백성 이야기의 이 결정적인 순간을 돌아보며, 옛 가나안 사람들이 그들의 창조 신화를 기술했던 언어로 그 사건을 노래했습니다. 여호와는 홍수 위에 좌정하신 왕이십니다(시 29:10, 개역개정판은 해당 전치사 'le'를 시간의 의미로 보고 '홍수 때에'로 번역했으나, 공동번역, 표준새번역, KJV, NIV 등 대다수 번역이 그 전치사를 장소의 의미인 '홍수 위에'로 번역한다—역주). 큰 물이 소리를 높이지만, 높이 계신 여호와의 능력은 더욱 크십니다(시 93:3 이하). 물들이 여호와를 보고 두려워하며 물러섭니다(시 77:16; 114:3, 5). 그러므로 시편 69편에서 시인이 자신의 절망을 "물이 목까지 차올랐다"고 표현했을 때(69:1, 개역개정판은 1절을 "영혼에까지 물이 흘러 들어왔나이다"라고 번역한다. 그러나 공동번역, NIV 등 대부분의 현대 번역들은 저자처럼 번역한다—역주), 그는 여호와가 바다의 광포를 다스리시고, 심지어 바다로 자신을 찬양하게 하시는(시 69:34) 분임을 알았던 것입니다.[1] 그러나 그 후에, 초기 기독교에 엄청난 영향을 끼쳤던 성경 말씀인 다니엘 7장에서, 우리는 짐승들이 지극히 높으신 분의 성도들과 전쟁을 벌이려고 바다에서 올라오는 환상을 보게 됩니다. 바다는 이제 마치 해변 주민들을 집어삼키려고 거대한 해일이 몰려오듯이 악을 내보내어 하나님의 백성을 위협하는 캄캄하고 두렵고 위험한 장소가 되었습니다. 대부분 배를 타는 일과는 거리가 먼 삶을 살았던 고대 이스라엘 백성에게 바다는 악과 혼돈, 어둠의 세력을 상징하는 장소가 되었습니다. 하나님이 노아를 구출하신 것처럼 그들을 구출하시지 않는다면, 언제라도 바다는 홍수가 온 세상에 대해 행한 일을 하나님의 백성을 향해 행할 수 있습니다.

우리가 바다를 좋아하는 한 가지 이유는 (잠깐 곁길로 빠지는 것 같지만), 아마도 바다의 엄청난 힘과 가공할 에너지를 공포 영화를 보는 것처럼 안전한 거리에서 바라볼 수 있기 때문일 것입니다. 또 배를 타고 바다에 나가거나 바다에서 헤엄을 친다면, 우리는 바다의 에너지에 휩쓸리지 않고 그 에너지를 이용할 수도 있습니다. 이런 상황에서 우리의 심리에 어떤 일이 벌어지는지는 이미 여러 편의 박사학위 논문이 나와 있을 것입니다. 물론 저는 그것들을 읽지 않았습니다. 부서지는 파도를 바라보다가 갑자기 우리를 덮쳐오는 쓰나미를 본다면, 즐거움은 눈 깜짝할 사이에 공포로 변할 것입니다. 또 편안한 마음으로 영화관에 앉아 스릴을 느끼며 액션 영화를 보는데 갑자기 화면에서 중무장한 흉악범들이 튀어나와 우리의 목숨을 위협한다면, 그 스릴은 단번에 겁에 질린 비명으로 바뀔 것입니다. 안전한 거리 밖에서 바다를 바라보거나 영화를 감상할 때처

1. '악'은 아직도 말하기 꺼려지는 단어다

럼, 우리는 악에 대해 이렇게 말할 수 있습니다. "그래, 악은 정말 존재해. 저쪽 편 어디에는 혼돈의 상태가 존재할 거야. 그러나 적어도 우리는 괜찮아. 직접적인 위협을 받지는 않으니까." 그리고 아마 우리는 이렇게 말할 수도 있을 것입니다. "그래, 정말 우리 마음속에 악이 존재할지도 몰라. 우리 속에 악과 혼돈의 힘이 있을 수도 있지. 하지만, 그런 힘은 기껏해야 잠재의식 속에서만 인식되는 것이고, 제대로 통제되고 있어. 바다의 경계는 든든히 유지될 것이고, 경찰은 결국 흉악범들을 체포할 수 있을 거야."

물론, 지난 일이십 년간 나온 영화에서는 문제가 그렇게 깔끔하게 해결되지 않는 경우도 종종 있었습니다. 이는 오늘날 우리가 이 세상과 우리 자신 속에 존재하는 악을 어떻게 인식하는지에 대해 무엇인가를 말해 주는 것 같습니다. 그런 인식을 기독교적으로 이해하고 비평하고 다루는 것이 이 책의 주제입니다. 저는 예수님의 십자가 죽음에 대해 글을 쓰려고 이 작업을 시작했습니다. 이 작업 전에는 예수님의 부활에 대해 상당한 분량의 글을 썼기 때문에 그 주제에 대해 적절하게 균형을 잡는 것이 필요해 보였지만, 십자가에 대해 생각하면 할수록 십자가를 의미 있게 논의하려면 악에 대해서도 무엇인가를 말해야 한다는 것을 실감했습니다. 고전적인 신학에서도 십자가는 악의 문제에 대한 결정적인 해결책입니다.

그러나 악에 대해 언급해야겠다는 생각을 하자, 저는 이것이 긴급하다고 할 수는 없어도 아주 시의적절한 주제임을 깨달았습니다. 모든 사람이 악에 대해 말하기 때문입니다. 2001년 9/11 사건 직후, 부시 대통령은 저쪽 어딘가에 '악의 축'이 존재한다고 선언하고 악인들을 색출하여 더는 악을 행하지 못하도록 저지해야 한다고 말했습니다. 토니 블레어는 우리의 목표가 바로 세상에서 악을 완전히 제거하는 것 이상이 되어야 한다고 야심적으로 선언했습니다. 이 장의 초고를 쓰던 날, 저는 비행기 안에서 졸린 눈으로 앞자리의 승객이 읽던 신문을 바라보았습니다. 커다란 머리기사가 아일랜드 공화국군(the Real Irish Republican Army)에 속한 두 사람의 '악한 얼굴'을 보라고 초대했습니다. 대중과 언론은 2003년 영국의 소함(Soham) 마을에서 두 여자 아이가 살해당한 끔찍한 사건과 관련하여 '악'을 성토했습니다. 우리도 도시의 길거리에서 총기 범죄가 급증하는 것이나, 2005년 8월 허리케인 카트리나가 뉴올리언스를 황폐화한 후 뒤따랐던 폭동에 대해 똑같은 말을 합니다.

이렇게 악에 대해 새롭게 관심이 집중되는 것과 관련하여 특이한 점은, 악이 많은 사람, 특히 정치인들과 미디어를 놀라게 만들었다는 사실입니다. 물론 그들은 지금까지 악이 항상 존재해 왔다고 말할 것입니다. 그러나 악은 서구 세계에 새로운 방식으로 돌아온 것 같습니다. 과거에는 악을 그저 추상적인 수준에서 소위 (해일과 같은) 자연적인 악과 (흉악범들이 저지르는 것과 같은) 도덕적인 악으로 구분하여 논의했습니다. 아우슈비츠가 지난 세대에 적어도 그것에 대해 깊이 숙고한 사람들에게 새로운 문제를 제기했던 것처럼, 오늘날에는 한쪽에서 9/11 사건이, 또 다른 쪽에서 인도양의 쓰나미와 미국의 멕시코만 연안을 강타한 허리케인 같은 '자연적인' 재앙들이, 악이 무엇이며, 어디에서 오며, 어떻게 이해해야 하며, 당신의 세계관에 어떤 영향을 끼치는지(당신이 그리스도인이든 무신론자든 다른 무엇이든), 그리고 특히 악에 대해 우리가 무엇인가 할 수 있다면 무엇을 해야 하는지와 같은 질문을 둘러싼 새로운 토론의 물결을 일으켰습니다.

그런 의미에서, 기독교적 관점에서 볼 때 새 하늘과 새 땅에는 더 이상 바다가 존재하지 않을 것입니다. 예수님의 복음에 의해 생겨난 세계관 안에서 우리는 악이 결국 정복되고 제거될 것이라는 점을 확고히 받아들입니다. 그러나 돌풍처럼 일어난 악에 대한 새로운 관심 때문에, 왜 악이 여전히 존재하는지, 하나님이 악을 어떻게 처리하셨고 또 처리하실 것인지, 그리스도의 십자가는 악과 무슨 관계가 있으며 지금 여기서 우리에게 어떤 영향을 끼치는지, 우리가 악에 대한 하나님의 승리에 참여하려면 지금 여기서 무엇을 할 수 있는지 등 깊고 어두운 신비의 영역에 대한 많은 질문이 생겨납니다. 하지만 이런 질문들에 대해 지금까지 저를 포함한 우리 대부분이 답을 제시하기는커녕 충분한 주의조차 기울이지 않았습니다. 제가 이렇게 말하는 것은 (여러분이 제 말을 이해한다면) 제가 악의 문제에 관하여 전문가가 아니기 때문입니다. 물론 이 불확실한 분야를 전문적으로 연구하는 사람들도 있습니다. 저는 이미 그들로부터 배웠고 앞으로도 배우기를 바랍니다. 저는 이런 점에서 공개적으로 신학을 계속 학습해 나가는 고상한 전통에 서 있습니다. 비록 이 분야에 통달했다고 말할 수는 없지만, 저는 여러 가지 논점을 다루면서 암묵적으로 계속 이 주제에 관한 최근의 저술들과 대화합니다.[2] 저는 제가 하려는 작업을 세 단계로 구분하고, 각 단계를 다시 세 단계로 세분화했습니다.

첫째로, 저는 문제를 우리 시대의 문화 속에 등장하는 모습 그대로 펼쳐놓으려고 시도할 것이며(제1장), 그와 함께 하나님의 구원하시는 정의에 대한 유대교와 기독교 전통의 전형적인 진술들을

(특히 예수 그리스도의 십자가에 초점을 맞추어) 제시할 것입니다(제2장과 제3장). 그리고 저는 악의 문제와, 하나님의 섭리 안에서 그리스도인들이 그 문제에 대해 무엇을 해야 하는지를 기독교적으로 그리고 창조적으로 말하는 한 가지 방법을 제안할 것입니다(제4장). 이 부분에서 저는 현대에 커다란 관심의 대상이 되는 세 가지 영역, 곧 지구 제국(global empire), 형사적 정의(criminal justice)와 형벌, 전쟁과 관련된 질문을 살펴볼 것인데, 각 영역에서 악의 문제는 (비록 명확히 표현되거나 언급되지 않았지만) 심각한 난점과 위험을 일으킵니다. 마지막 장에서는 용서의 의미를 지극히 개인적인 차원뿐 아니라 공동체적 차원에서 심층적으로 살펴봄으로써 이 질문들을 계속 탐구할 것입니다.

그러므로 이 첫 번째 장에서는 오늘날 악의 문제가 새로운 형태로 등장하는 몇 가지 방식을 기술해 보겠습니다. 다른 말로 하면, 저는 우리의 정치인들과 미디어가 악의 문제를 전혀 대단한 것이 아닌 것처럼 여기며 살려고 노력해 왔으며, 그들 사이에서 악은 아직도 말하기 꺼려지는 단어(a four-letter word)임을 인식해야 한다고 주장할 것입니다. 그리고 저는 포스트모던 상황에서 악의 문제가 새롭게 구체적으로 표현된 방식들이(포스트모더니티 자체가 바로 악의 문제의 중요한 재진술입니다) 중요한 점에서 부족한 부분이 있음을 지적할 것입니다. 그 후에, 저는 지금 진행되는 일을 더욱 명확히 파악하려면 보통은 배제되어 버리는 어떤 요소들을 우리의 이해에 반영할 필요가 있다고 제안하려 합니다. 마지막으로, 저는 이 질문이 기독교적인 사고에 어떤 영향을 끼치는지 보여 줄 것입니다.

새로운 악의 문제

그러므로 저의 첫 번째 그리고 가장 긴 단락의 제목은 '새로운 악의 문제'입니다. 왜 이 문제를 '새롭다'고 하는 것일까요?

옛날에는 악의 문제를 논의할 때 다음과 같이 악을 형이상학적 혹은 신학적 난제로 제시하는 경향이 있었습니다. "신이 존재한다면, 그리고 그가 (전형적인 유대교, 이슬람교, 기독교 신학이 한목소리로 주장하는 것처럼) 선하고 지혜롭고 전능하다면, 왜 악과 같은 것이 존재하는가?" 여러분이 무신론자라고 해도 어떤 식으로든 이 문제에 직면하게 될 것입니다. 과연 이 세상이란 것은 그것이 멋진 곳으로 보이게 하는 요소와 형편없는 곳으로 보이게 하는 요소가 섞인 하나의 역겨운 농담에 불과한 것입니까? 그것이 아니라면 무엇일까요? 물론 여러분은 이것을 악의 문제가 아니라 선의 문제라고 말할 수도 있습니다. 즉, 세상이 우발적 현상들의 우연한 조합이라면, 우리가 칭송하고 경축하고 싶은 것들이 왜 이다지도 많을까요? 왜 세상에 아름다움과 사랑과 웃음이 존재하는 것일까요?

악의 문제가 지금처럼 형이상학적인 형태로 논의된 것은 적어도 두 세기 반 전에 시작된 일입니다. 1755년 만성절에 포르투갈의 리스본을 강타했던 지진은 이전 세대에 유행했던 느즈러진 낙관주의를 붕괴했습니다. 조셉 애디슨(Joseph Addison)의 위대한 찬송가, '저 높고 푸른 하늘과'(이 가사는 1712년에 쓰였고, 우리말 찬송가 75장에 번안되어 있다—역주)를 생각해 보십시오. 그 찬송은 하늘과 태양과 달과 별과 행성을 바라보는 모든 사람이 선한 창조주의 훌륭한 솜씨를 실감하게 된다고 반복하여 선언합니다.

그들은 모두 기뻐하며 이성의 귀를 향해,

영광스런 목소리로 외친다.

찬란한 빛을 비추며 영원히 노래한다.

'우리를 지으신 손은 거룩하시다.'

우리는 애디슨이 1755년 이후에도 이런 가사를 쓸 수 있었을지, 또는 그것을 썼다면 사람들이 기꺼이 그 노래를 부르려고 했을지 감히 의심해 봅니다. 너무도 많은 자연적, 인간적 재앙에 대해 들어온 우리가 이 노래를 계속 부를 수 있다면, 그것은 아마도 우리가 강력한 반대 증거에도 아랑곳 하지 않고 어렵게 발전시킨 자연신학을 배웠거나 생각하기를 멈추지 않았기 때문일 것입니다. 그러나 저의 주장은, 수잔 네이먼(Susan Neiman)이 최근의 훌륭한 책에서 보여 주었듯이, 1755년 이후의 유럽 철학의 역사는 사람들이 악과 타협을 시도한 역사라고 말할 수 있다는 것입니다. 리스본에서 일어난 사건은 지금은 표준이 된 자연적인 악(해일, 지진, 허리케인)과 도덕적인 악(흉악 범죄와 테러)의 구별을 촉진했고, 이것은 오늘날까지도 중요한 구분으로 남아 있습니다. 그뿐만 아니라, 볼테르나 루소 같은 위대한 계몽주의 사상가들의 씨름이나, 칸트나 헤겔의 거대한 사상 체계들도 결국은 악에 대한 대응이었다고 이해할 수 있습니다. 그리고 좀더 나아가서 마르크스와 니체 그리고 20세기 사상가들(특히 유대인 대학살의 의미라는 문제와 씨름했던 유대인 사상가들)을 살펴보면 우리는 분리될 수 없는 전체로서의 세계와 그 안에 존재하는 악에 대해 무언가를 말하려 했던 철학적 시도들이 끊임없이 계속되었음을 알 수 있습니다.

여기서 나온 사상인 진보의 교리가 서구 세계 전체에서 그리고 특히 영국과 미국에서 대중적 사고방식의 주된 특징이 되었지만, (저의 관점에서 볼 때) 이는 매우 불만스러운 것입니다. 이것은 헤겔에 의해 고양된 어조로 해설되었고, 또한 희석된 형태로 현대의 많은 사상 속에서 하나의 상수(常數)가 되어 있습니다. 헤겔은 세계가 대체로 변증법적 과정(처음에 A가 있고, 그 다음에 그에 반대되는 B가 나타나며, 그 다음에는 둘의 종합인 C가 나오는데, 이 과정은 계속 반복된다)을 통해 진보한다고 주장했습니다. 그의 주장은 다음과 같습니다. "모든 것은 더 낫고, 더 충만하고, 더 완벽한 목표를 향해 진보한다. 그리고 그 과정에서 고통이 있어야 한다면, 변증법이 잠시 느슨해지는 것 같은 문제가 생긴다면, 그냥 내버려 두라. 그런 것들은 맛있는 오믈렛이 탄생하기 위해 깨어진 달걀들에 불과하다."

이렇게 진보가 자동으로 일어난다는 믿음은, 키츠(Keats)와 같은 시인에게서도 발견되지만, 동시에 낭만주의 운동의 범신론적 분위기에서나 맬서스(Malthus)의 철학에서도 발견됩니다. 맬서스의 철학은 유럽과 북미가 인간 진보를 이끌어가는 선두 주자이기에 19세기의 중요한 특징이었던 제국주의적 경제 팽창은 정당화될 수 있다는 서구인들의 믿음을 생성하고 유지하는 데 큰 영향을 끼쳤습니다. 이미 주류 문화 속에 깊이 뿌리를 내린 이런 믿음은, 찰스 다윈의 연구가 대중화되고, 또 그 연구가 갈라파고스 군도의 새들과 포유류를 넘어서 훨씬 더 다양한 분야에 적용됨에 따라 강력한 추진력을 얻었습니다. 기술의 발전, 의학의 발달, 낭만주의적 범신론, 진보에 대한 헤겔식의 이상주의적 기대, 사회 다윈주의

(social Darwinism) 등의 성급한 결합은 오늘날까지 아주 많은 사람의 삶에 (특히 공적인 영역에서) 영향을 끼치는 지성적 분위기를 만들어 냈습니다. 이런 분위기에서, '오늘 이 세대에' 산다는 것은 어떤 것을 당연히 기대해야 함을 의미합니다. 즉, 우리는 우리가 일정한 속도로 자유와 정의를 향해 행진해 가는 모습을 상상합니다. 그 자유와 정의는 서구식 자유 민주주의와 유연한 형태의 사회주의가 느리기는 하지만 확실하게 승리하는 모습입니다. 여기서 이 논점을 상술할 수는 없지만, 사람들이 '오늘날 21세기에 사는 우리는' 어떤 것들을 받아들일 수 없다고 말할 때, 그들은 이미 전제되어 있는 진보의 교리에 (그것도 특정 방향으로의 진보만을 생각하는) 호소하는 것입니다. 우리는 종종 뚜렷한 논거가 아니라 미디어와 정치인들의 어조에서 가르침을 받으며 진보 앞에 절합니다. 이런 흐름은 막을 수 없습니다. 누가 혼자 뒤에 남아 시대에 뒤떨어지고 과거에 속한 사람이 되기를 바라겠습니까? '작년까지는 그랬지'라는 말은 대화 중에 상대방을 납작하게 만드는 절대 무기가 되었습니다. '진보'는 (흔히 그저 유행의 변화를 의미할 뿐이지만) 우리 사회와 문화에서 거의 유일하게 중요한 잣대가 되었습니다.

진보에 대한 이런 믿음은 적어도 세 가지 상당히 다른 도전을 받았는데, 놀랍게도 그 모든 도전을 이겨내고 아직도 번성합니다. 많은 사람에게 제1차 세계대전은 오래된 자유주의적 이상주의를 붕괴한 사건이었습니다. 칼 바르트가 1919년에 첫 번째 로마서 주석을 썼을 때, 그의 주된 메시지는 이제 역사의 과정 내부에서 일어나는 하나님 나라의 점진적 발전에 의존하는 대신에 외부로부터 오는 신선한 하나님의 말씀에 귀를 기울일 때가 되었다는 것이었습니다. 도스토예프스키는 「까라마조프 씨네 형제들」(열린책들 역간)에 잊기 어려운 한 대목을 남겨 놓았습니다. 그는 세계가 한 명의 죄 없는 어린아이를 고문하여 죽이는 것을 대가로 완전을 향해 진보할 수 있다면 어떻게 할 것인지를 숙고합니다. 그리고 그는 그 대가가 이미 너무 크다고 결론을 내립니다. 아우슈비츠는, 적어도 유럽 문명만큼은 고상함과 덕과 인간주의 이성이 번성하고 풍성한 열매를 맺을 수 있는 장소라는 생각을 붕괴했습니다. 아우슈비츠가 아니었다면 우리는 그런 생각에서 영원히 벗어날 수 없었을지도 모릅니다. 유럽 사상의 몇 가지 갈래 속에 섞여 있는 유대인 대학살을 가져온 깊은 뿌리들(특히 유대교를 잘못된 종교의 발현으로 여겼던 헤겔의 생각을 비롯하여)은 분리되고 해체되어야 합니다.

그러므로 앞에서 언급한 것처럼, 진보에 대한 믿음이 아직도 살아남아 개가를 올리는 것은 주목할 만한 일입니다. 19세기는 원죄를 제거해 버렸다고 생각했습니다. 물론 대용물을 찾아야 했고, 마르크스와 프로이트는 설명 체계를 만들어 내고 대항적인 해결책을 제공하며 기독교의 구속 교리를 반영하고 패러디하는 새로운 교리들을 제시했습니다. 그리고 오늘날까지도 사람들은, 제1차 세계대전의 끔찍한 몽스(Mons)와 솜므(Somme)의 전투들(제1차 세계대전의 최고 격전지로 알려진 프랑스의 두 지명—역주), 아우슈비츠와 부헨발트(Buchenwald), 도스토예프스키와 바르트에도 불구하고, 세계는 기본적으로 좋은 장소라고 생각합니다. 그들은 또한 세계의 문제는 대부분 기술과 교육에 관련된 것이므로, '서구화'라는 의미를 '개발'함으로써 그리고 서구 민주주의(취향에 따라 서구 사회민주주의 이상이나 서구 자본주의, 또는 두 가지의 혼합)를 점점 더 많은 지역에 확산함으로써 해결할 수 있다고 생각합니다.

이런 상황은 새로운 악의 문제를 특징짓는 세 가지 구체적인 결과를 낳았습니다. 첫째로, 우리는 악이 우리를 정면으로 공격하지 않는다면 악을 무시합니다. 둘째로, 우리는 악이 그런 식으로 정면에 등장할 때 깜짝 놀랍니다. 셋째, 결과적으로 우리는 미숙하고 위험한 방식으로 악에 반응합니다. 이 세 가지를 차례대로 설명해 보겠습니다.

첫째로, 우리는 악이 우리를 정면으로 공격하지 않을 때는 악을 무시합니다. 어떤 철학자들과 심리학자들은 악을 단지 선의 어두운 측면에 불과한 것으로 이해하려 했습니다. 그들은 악이 세계에 필수적으로 존재해야 하는 균형의 일부이므로, 선과 악을 지나치게 양극화하는 극단적인 이원론을 피해야 한다고 주장합니다. 그것은 물론 니체의 힘의 철학으로 직행하고 그 길로 곧바로 히틀러와 아우슈비츠로 향합니다. 당신이 선과 악의 구분을 포기한다면, 힘이 모든 것을 정당화하는 영역으로 들어가게 됩니다. 거기에서 당신은 낡은 도덕적 가치들을 떠올리게 하는 것은 무엇이든(예를 들면, 성장하는 유대인 공동체) 당신의 길을 가로막는다고 느끼게 되고, 그러므로 반드시 제거해야 한다고 생각하게 됩니다.

그러나 우리가 이것을 깨닫기 위해 지난 60년을 돌아볼 필요는 없습니다. 서구 정치인들은 알 카에다가 요주의 세력이라는 것을 완벽할 정도로 잘 알았습니다. 그러나 너무 늦기 전까지는 아무도 그 문제를 그리 중요한 문제로 간주하고 싶어 하지 않았습니다. 우리는 모두 지구상의 많은 가난한 나라가 장기적 채무에 시달리는 것이 세계의 양심을 괴롭히는 중대한 문제라는 것을 압니다. 그러나 우리 정치인들은, 아주 동정적인 사람들까지도 그 문제를 별로 심각하게 바라보려 하지 않습니다. 왜냐하면 우리의 관점에서 볼 때 세계는 대체로 잘 굴러가고, 우리는 그런대로 잘 나가는 경제라는 보트를 흔들고 싶지 않기 때문입니다. 우리는 무역을 원하고, 경제 성장을 원합니다.

'선택의 기회를 주는 것'은 모든 사람에게 절대 선입니다. 그러므로 기아와 에이즈로 고통 받는 아프리카에 코카콜라와 펩시콜라를 제공하여 거대한 미개발 시장을 개척한다면, 비록 그들에게 다른 고질적인 문제들에 충치라는 문제를 하나 더 얹어준다고 해도, 그 지역의 복지를 증진하는 것입니다. 또한 우리는 모두 성적 방종이 가족과 개인의 삶에 엄청난 불행을 일으킨다는 것을 잘 압니다. 그러나 21세기를 살아가는 우리는, 간음이 잘못된 것이라고 말하고 싶어 하지 않습니다[우리는 아마 단지 두 세대 전만 해도 많은 사회가 간음을, 지금 우리가 어린이에 대한 성도착(paedophilia)을 생각하는 것처럼 모든 면에서 걱정스러운 일로 생각했음을 기억해야 할 것입니다].

저는 검열 제도의 오른쪽, 왼쪽 그리고 가운데 부분이 차례로 제거되어 온 시대에 자라났습니다. 우리는 검열이야말로 세상에 존재하는 것들 중 유일하게 역겨운 것이라고 들었습니다. 사람들이 하고 싶은 일이나 말하고 싶은 것은 무엇이든지 기본적으로 선합니다. 우리는 자신의 내면에서 어떤 충동을 발견하든지 그것을 축하하고 기뻐해야 합니다. 사람들이 다른 사람들이 한 일을 통제하도록 허용해서는 안 됩니다. 물론 오늘날까지 '통제'라는 말은 '통제광'(control freak)과 같은 표현에서처럼 조롱조로 사용됩니다.

통제를 없애 버리는 것이 기본적인 도덕규범이라도 되는 것 같습니다. 마치 거대한 맥월드(McWorld, 패스트푸드점 맥도날드가 전 세계에 지점을 퍼뜨리는 것을 부정적으로 일컫는 표현—역주)식 기업의 기본 표어가 '국경을 없애자!'(no boundaries)인 것처럼 말입니다. 우리는 정치인들과 미디어 비평가들과 경제학자들이, 그리고 슬프게도 심지어 몇몇 늦게 핀 자유주의 신학자까지도 인간은 기본적으로 괜찮은 존재며 세상도 기본적으로 잘 돌아가므로 우리가 호들갑을 떨 만한 일이 없다고 말하는 세계에 삽니다.

그러므로 둘째로, 악이 우리를 정면으로 공격해 오면 우리는 깜짝 놀랍니다. 우리는 영국의 작은 마을들이 살기 좋고 안전한 곳이라고 생각하고 싶어 합니다. 그래서 소함에서 여자 아이 두 명이 그들이 분명히 잘 알고 믿었을 사람에 의해 살해당했을 때 심한 충격을 받았습니다. 우리가 그런 사건에 대처할 수 있는 사고의 범주를 가지고 있지 않았기 때문입니다. 또한 우리는 새로운 모습으로 다시 등장하는 더 큰 악들, 즉 아프리카에서 다시 고개를 드는 부족주의와 인종청소 또는 발칸반도 국가들 사이에서 다시금 일어나는 '발칸화'(20세기 초 발칸반도가 적대적인 여러 나라로 분열된 것 때문에 생겨난 용어—역주) 등에 대해서도 적절히 대응할 사고의 범주를 가지고 있지 않습니다. 우리는 세상이 기본적으로 괜찮은 곳이라고 생각하며, 많은 나라가 이미 민주국가가 되었거나 그 방향으로 가고 있고, 지구화(globalization)가 (이론적이긴 하지만) 우리로 하여금 많은 것을 실행하고, 많은 이익을 내고, 많은 것을 알게 해준다고 믿고 싶어 합니다. 그러고는 우리의 해변을 덮쳐 오는 인간 해일을 보면서 충격을 받을 뿐 아니라 크게 당황하고 맙니다.

그 해일은 바로 서구 국가들로 망명하기 위해 끝없이 늘어선 비극적인 인간띠입니다. 그 안에는, 비록 작은 부분에 불과하다고 생각할 수도 있겠지만, 박해나 독재로부터 보호받기 위해서가 아니라 비밀리에 자신들의 테러를 준비하고자 망명을 신청하는 자들도 있습니다.

물론 테러는 그 자체만으로 우리를 놀라게 합니다. 우리는 모든 심각한 문제를 토론 테이블 위에 올려놓고 해결해야 한다고 상상하는 데 익숙하기 때문입니다. 그래서 어떤 사람들이 아직도 자신들의 주장을 이해시키기 위해 토론이 아닌 더 격렬한 수단을 쓸 필요가 있다고 생각하는 것을 알게 되면 당황하고 맙니다. 궁극적으로, 우리는 죽음이라는 것이 존재한다는 사실에 반복되는 충격을 받습니다. 갑작스런 돌림병이 며칠 사이에 대가족의 절반을 앗아가는 일을 경험했던 우리 선조에게는 죽음이 엄연한 현실이었지만, 이제 우리의 생각 속에서는 완전히 추방되어 공포 이야기 속에나 등장하는 소재가 되었습니다. 마찬가지로, 죽음은 우리 사회에서도 추방되었는데, 이는 자신의 집이나 침대에서 죽음을 맞이하는 사람들의 수가 점점 줄어들기 때문입니다. 그것은 또한 우리 속에 깊이 자리한 사회적 상상력 속에서도 추방된 듯합니다. 이는 그칠 줄 모르는 성적 쾌락의 추구(섹스 역시 죽음을 비웃는 한 가지 방법입니다)에 너무도 많은 에너지와 열정을 쏟아 붓느라 고통을 생각나게 하는 것들(우리가 참여한 모든 장례식이나 거실에서 텔레비전을 통해 보게 되는 모든 살인사건과 함께 밀물처럼 쏟아져 들어오는)에는 이미 우리의 감각이 무뎌졌기 때문입니다. 그래서 우리는 악이 우리를 정면으로 공격하지 않으면 악을 무시하면서도, 정작 그런 악의 공격을 받을 때는 충격을 받고 당황합니다.

셋째로, 결과적으로 우리는 악에 대해 미숙하고 위험한 방식으로 반응하게 됩니다. 거의 모든 성적인 행위가 선하고 올바른 것이며 칭찬받을 만하다고 선언하고 나서 우리는 마지막으로 남은 한 가지 금기, 즉 어린이에 대한 성도착에 대해서는 더욱더 날카로운 목소리를 냅니다. 다른 많은 행위 영역에 좀더 고르고 사려 깊게 배분되어야 할 도덕적 분노가 모두 이 한 가지 죄악에 집중되는 것인지도 모르겠습니다. 어린이 학대는 물론 속이 뒤집힐 정도로 혐오스런 것입니다. 그러나 저는 우리가 적절한 사고를 통한 근거 때문이 아니라, 단지 그것을 생각하기 싫다는 이유로 열렬히 저주를 퍼붓는 생각 없는 도덕주의를 경계해야 한다고 믿습니다. '도덕'은 조작되기 쉬울 뿐 아니라, 종종 실제로 조작되기 때문입니다. 단순히 직관적인 앎을 근거로 비난을 퍼붓는 것이 그것을 묵인하는 것보다는 혹시 나을지도 모르겠습니다. 그러나 그것은 결코 안정적인 도덕 사회를 건설하는 방법이 될 수는 없습니다.

이 현상의 한 가지 매우 분명하고도 걱정스러운 사례는 2001년의 9/11 사건에 대해 미국에서 (그리고 다소간 영국에서도) 일어난 반응일 것입니다. 그날의 섬뜩한 사건은 당연히 공포와 분노를 불러일으켜야 마땅한 것이었습니다. 그러나 실상 그 사건에 대한 공식적인 반응은, 아무런 유익이 없으며 반사적이고 생각 없는 미숙한 욕설 퍼붓기에 불과했습니다. 오해하지는 마시기 바랍니다. 우리가 애통해 하는 수천의 무고한 희생자의 죽음은 물론 비극적이고 끔찍하고 전적으로 부당한 것입니다. 알 카에다의 테러 행위들은 과거에도 악했고 지금도 의심할 나위 없이 악하다는 것도 분명한 사실입니다. 그러나 미국 전체가 순전하고 무고한 희생자이며, 세상이 악한 사람들(특히 아랍인들)과 선한 사람들(특히 미국인과 이스라엘인)로 깔끔하게 분리될 수 있고, 그래서 이제 후자가 전자에게 응징해야 할 의무가 있다고 선언하는 이 놀라운 순진함은, 제가 말하는 내용을 예시하는 거대 규모의 사례일 것입니다. 이런 관점은 그 자체의 거울 이미지, 즉 서구 세계는 모든 면에서 죄악되므로 모든 저항운동과 테러가 완전히 정당화된다는 주장과 마찬가지로 미성숙하고 순진한 것입니다. 마찬가지로, 총을 소유한 모든 사람을 감방에 잡아넣어야 한다거나, (이런 관점의 미국 쪽 거울 이미지인) 모든 사람이 총을 지님으로써 착한 사람이 나쁜 사람의 술수에 걸려들기 전에 그들을 쏠 수 있어야 한다는 생각 역시 사태의 깊이를 읽지 못한 채 판단된, 잘못된 사고의 결과일 뿐입니다. 우리는 뉴올리언스 재앙의 두 번째 단계가 가져다주었던 공포(아무것도 잃을 것이 없는 사람들에 의한 폭동과, 자기 자신과 재산을 보호하려는 사람들이 총을 사려고 열을 내었던 일)로부터 교훈을 얻어야 합니다(하지만 깨닫지 못할 수도 있겠지요).

악의 문제에 제대로 대처하겠다는 바람에서, 당신이 '악하다'고 느끼는 사람들을 맹렬하게 공격하는 것은(말하자면, 9/11 사건 후 이라크나 아프가니스탄에 엄청난 양의 폭탄을 쏟아붓는 것은), 사실 악의 문제를 '해결했다'고 주장하는 철학적 이론들의 실천적인 대응물입니다. 많은 저자가 (한 예로서) 하나님이 덕(virtue)이 번성할 수 있는 특별한 조건들을 만들어 내고자 악을 허용하신다는 주장을 펼쳤습니다. 그렇지만 하나님이 몇몇 영웅이 나타나게 하려고 아우슈비츠를 허락하기로 결정하셨다는 생각은 결코 악의 문제에 대한 해결책이 될 수 없습니다. 마찬가지로, 이라크와 아프가니스탄에서 죽어간 수천의 무고한 시민은 그런 '해결책들'이 종종 문제를 악화할 뿐이라는 사실을 소리 없이 증언하는 셈입니다. 저는 단지 그런 해결책들이 기존의 저항을 강화할 뿐 아니라 새로운 저항을 일으킨다는 논리 때문에 이런 말을 하는 것은 아닙니다. 다만 여러분들이 의회의 입법이나 철학적 논쟁을 통해 악을 제거할 수 없는 것과 마찬가지로, 고성능 폭약 역시 악을 제거할 수 없음을 말하는 것입니다.

악에 대한 미숙한 반응들을 좀더 가까이서 살펴보고 싶다면, 우리가 자신의 삶이나 직접적인 상황 속에서 악에 대해 어떻게 반응하는지 자문해 보면 될 것입니다. 여러분은 지금 무엇에 분노합니까? 당신이 부당하고 불공정하다고 느끼는 일을 행한 사람은 누구입니까? 여러분은 그 일에 어떻게 대처합니까? 또 그 일에 대해 어떻게 타협점을 찾습니까? 우리는 너무도 자주 두 가지 중 한 가지 방식으로 반응하곤 합니다. 하나는, 남을 탓하는 문화를 만들어 내어 악을 다른 사람들에게 투사하는 것입니다. 모든 것이 항상 다른 사람의 잘못이고 사회의 잘못이고 정부의 잘못이며, 자신은 무고한 희생자라고 여기는 것이지요. 사람들이 도덕적인 고지를 먼저 점령하려고 다투면서 자신이 희생자라고 주장하는 것은 이제 새로운 다문화적 스포츠가 된 것 같습니다. 일단 그 고지에 서면, 그들은 순수하고 깨끗한 사람이 되며 다른 모든 사람은 책임을 져야 합니다. 다른 하나는, 우리가 악을 자신에게 투사하여 이 모든 일에 대해 자신에게 책임이 있다고 생각하는 경우입니다. 이것은 우울증의 일반적인 원인 중 하나입니다. 그러나 이 문제가 단순히 심리적 상태의 문제만은 아닙니다.

우리는 우리가 직면하는 모든 불행이 다른 누군가(테러리스트, 망명자, 마약 판매상, 범죄자 등)의 잘못이라고 말하는 사람들과 1960년대와 1970년대의 고전적인 대중 심리학을 따라, 우리 모두 죄가 있고 테러리스트들이 테러리스트가 된 이유는 우리가 그들의 나라에서 어떤 일이 벌어지도록 허용했기 때문이며, 망명자들은 과거 우리의 외교 정책이 낳은 결과 때문에 도피하는 것이고, 마약 판매상들은 우리가 그들의 고유한 호구지책을 파괴했기 때문에 마약을 팔며, 범죄자들은 풍요한 사회의 희생자들일 뿐이라고 말하는 사람들 사이에서 정치적으로 우왕좌왕합니다. 이렇게 양 측면을 희화화한 내용 속에 일말의 진실이 있다는 사실도 별로 도움이 되지는 않습니다. 다른 모든 사람을 탓하는 문화(결과적으로 법정 소송과 희생자 숭배와 자기 의를 낳는)와 자신을 탓하는 문화(결과적으로 우울증과 도덕적, 사회적 마비를 낳는)는 둘 다 악의 문제에 대한 미숙하고 부적절한 반응이며, 우리의 형이상학적인 논의보다는 길거리와 텔레비전 화면에 더 자주 등장하는 것이지요. 바로 이것이 현재 새롭게 등장하고 있는 악의 문제입니다. 무엇보다도, 우리는 이제 악이 여전히 말하기 꺼려지는 단어임을 발견했지만, 악을 어떻게 처리하고 악의 문제에 어떻게 대응해야 할지에 대한 단서는 아직 얻지 못했습니다. 그리고 한 마디 덧붙이자면, 악을 무시하는 것도 역시 답이 될 수는 없습니다.

잠시 후에 저는 악에 대한 우리의 반응이 어떻게 성숙할 수 있을지 말씀드리려 합니다. 이는 우리가 어떻게 모든 차원에서 악을 고려할 수 있는지 그리고 어떻게 악을 좀더 제대로 다룰 수 있는 성숙한 세계관을 가질 수 있는지에 관한 것입니다. 그러나 지금은 잠시 방향을 돌려 우리에게 '포스트모더니티'로 알려진, 악에 대처하는 한 가지 시도에 대해 먼저 살펴보려고 합니다. 물론 어떤 의미에서 이것은 악의 문제에 대한 대처 방안을 설명할 수 있는 세계관을 제시하려는 시도입니다.

새로운 허무주의: 포스트모더니티

저는 다른 곳에서 문학과 문화와 신학 영역에서 일어난 포스트모더니즘적 전환을 주제로 강연하고 글을 쓰기도 했는데, 지금 여기에서 이 주제를 깊이 있게 논할 수는 없습니다. 다만 제2차 세계대전 이후 현대 유럽과 미국 문화에서, 진리와 권력과 공평무사한 행동과 사상이라고 주장하는 많은 것이 사실은 이기적인 욕망에서 추동된 것이었으며, 또 이기적 욕망이라고 번역되거나 '해체'될 수 있는 많은 운동이 존재했다고 말하는 것만으로도 충분하다고 생각합니다. 마르크스는 '모든 것이 돈의 문제다'라고 말했고, 프로이트는 '모든 것은 성의 문제다'라고 말했고, 니체는 '모든 것은 권력의 문제다'라고 말한 바 있습니다. 20세기 전반에는 유럽의 많은 사람이 그들을 비웃었지만, 후반이 되자 사람들은 바로 그들이 문학 비평, 건축, 사회학과 같이 다양한 영역에서 자신들의 역량을 유감없이 발휘하는 것을 보게 되었습니다. 우리가 기록 보관과 상호 확인이란 의미에서 진리성(truthfulness)을 점점 더 강하게 고집하는 지금까지도 진리는 모든 측면에서 공격을 받습니다. 버나드 윌리엄스가 최근에 출판한 책 「진리와 진리성」(*Truth and Truthfulness*)

에서 보여 주었듯이, 진리에 대한 요구는 점점 커지지만 진리를 분별하는 것은 점점 어려워지는 이런 자기모순적인 사태는 천천히 자라났지만 이제는 모든 곳에 만연한 의심의 문화가 낳은 결과입니다.

포스트모더니티의 뿌리는 한 세기 또는 그 이전의 사상가들에게 있지만, 포스트모더니티가 일어난 특정한 방식과 그것이 취한 특정한 형태는 사실 유대인 대학살의 공포와 깊은 관계가 있습니다. 철학자 테오도어 아도르노(Theodor Adorno)는, 아우슈비츠 이후에 우리는 다시는 시를 쓸 수 없다고 선언했습니다. 아마도 포스트모던 이론가들이라면, 적어도 한 가지 수준에서는, 진리라는 말을 더 이상 사용할 수 없다고 말할 것입니다. 만일 유럽의 주류 문화가 유대인 대학살을 낳을 수 있다면, 다른 어떤 것도 마찬가지로 의심해야 하기 때문입니다. 그러나 포스트모더니티는 거기서 멈추지 않습니다. 포스트모더니티가 아주 냉혹하게 부각하는 악의 문제는 단순히 모든 인간의 주장에 결함이 있다고 말하는 것보다 훨씬 더 깊이 들어갑니다. 즉 인간 자체를 해체하는 것이지요. 그렇게 될 때 '나'라는 것은 더 이상 존재하지 않으며, 단지 소용돌이치는 감정들, 기표들(signifiers), 충동들의 덩어리만 남을 뿐입니다. '나'는 일정한 상태로 유지되는 흐름(flux)을 의미하는 것에 지나지 않습니다. 실존주의의 대중적 유산인 도덕적 명령(자신의 가장 깊은 자아에 대해 진실하라는)은 우리의 가장 깊은 자아가 액체이며 불안정한 것이라는 포스트모더니즘의 이러한 주장과 충돌합니다. 재즈 음악가인 찰리 밍거스(Charlie Mingus)는, "곡을 연주할 때, 나는 나의 진정한 자아를 연주한다. 문제는 내가 늘 변한다는 것이다"라고 말했습니다. 그는 위대한 음악가이지만 그 안에서 깊은 혼란에 빠진 철학과 심리학을 엿볼 수 있습니다.

저는 이 역시 악의 문제에 대한 한 반응이라고 생각합니다. 포스트모더니즘은 우리가 모두 깊은 결함을 가진 존재임을 인식하면서도 고전적인 원죄 교리로 돌아가는 것은 거부합니다. 대신에 인간은 고정된 '정체성'이 없고, 그러므로 고정된 책임도 없다고 주장합니다. 이러한 포스트모더니티 안에서 여러분은 악을 피해 어디로도 달아날 수 없습니다. 그러나 또한 여러분은 어디에서도 '책임질 사람'을 찾을 수 없을 것입니다. 포스트모더니티를 특징짓는 사회문화적 현상 중 하나가 중대한 재앙에 대해 책임을 지는 사람이 없는 것이라는 사실에 새삼 놀랄 필요는 없습니다. 끔찍한 열차 충돌이 일어났는데 그 원인이 선로의 결함으로 밝혀졌다고 합시다. 그 결함은 수개월 전에 이미 발견되었지만 수리되지 않았던 것입니다. 그러나 그 일에 대해 회사의 임원 한 명이나 심지어 이사회에도 책임을 물을 수 없습니다. 포스트모더니티는 이와 같은 냉소적인 접근법을 부추깁니다. 결국 아무것도 개선되지 않을 것이며, 그 일에 대해 여러분이 할 수 있는 것도 없습니다. 놀랄 것도 없이, 이러한 현실은 자살률의 지속적인 증가를 낳았습니다. 특히 젊은이들 사이에서 이 문제는 더욱 심각했습니다. 그들은 너무 많은 것을 기대했지만(또는 스스로 그렇다고 생각했을 것입니다), 수많은 구멍으로 흘러들어 오는 포스트모더니티를 알게 모르게 흡입하고 말았습니다. 이것은 새로운 일이 아닙니다. 산전수전 다 겪은 1세기 철학자 에픽테토스(Epictetus)는 아마도 이런 현상을 이해했을 것입니다. 물론 그라면 이 모든 일의 배후에 있는 지적인 태도를 비웃었겠지만 말입니다.

여기까지 말한 후에, 이제부터 제가 포스트모더니티를 쌍수를 들어 환영해야 한다고 말하면 놀랍게 여겨질 만도 할 것입니다. 이와 같은 포스트모더니티는 악에 대한 분석을 제시하는데, 이 분석에 대해 제가 앞서 기술했던 주류 문화는 아직도 저항하는 중입니다. 특히 포스트모더니티는 위험한 '진보'의 이데올로기를 해체합니다. 다른 곳에서 주장한 것처럼, 저는 포스트모더니티가 하나님의 섭리 아래서 18세기 이후로 세상의 문제들을 해결했다고 스스로 굳게 믿은 근대주의의 교만을 향하여 타락의 교리(인간의 본성 안에 깊고 치명적인 결함이 있다는 진리)를 설교하는 역할을 해냈다고 생각합니다. 그러나 이런 냉소주의적인 말에 덧붙여, 저는 악에 대한 포스트모더니즘의 분석에는 좀더 깊이 들여다보아야 할 두 가지 특별한 문제점이 있음을 말하고 싶습니다.

첫째로, 그 분석은 본질적으로 앞에서 제시한 이유들 때문에 인간을 비인간화합니다. 그 안에는 도덕적 존엄성이 남아 있지 않은데, 그에 대해 책임을 질 사람이 아무도 없기 때문입니다. 다른 모든 덕목을 저버린 사람에게 마지막으로 열려 있는 덕목은 바로 책임을 지는 것입니다. 그러나 그것마저도 부인한다면 인간은 그저 암호에 불과한 존재로 축소되고 맙니다. 우리 대부분은, 특히 범죄와 학대의 진짜 희생자들은 그것이 직관적으로도 바람직해 보이지 않으며 구역질나는 것이라고 느낄 것입니다. 인간은 (이성과 어떤 한계들 안에서) 책임을 지는 행위자이며 계속 그렇게 간주되어야 하기 때문입니다. 이 점에서 저는 조지 스타이너(George Steiner)의 고백에 깊이 공감합니다. 그는 자신의 지적 자서전인 「오류들」

(*Errata*)의 마지막 부분에서, 비록 자신이 하나님의 존재를 확실히 믿을 수는 없지만, 악이라는 것이 존재하며 사람들이 악에 대한 책임에서 각자의 공평한 몫을 담당해야 한다는 것은 상당히 믿을 만하다고 말합니다. 그것은 비인간적인 세기의 마지막 순간에, 우울하지만 진정한 휴머니즘을 회복하라는 호소와 같습니다.

둘째로, 포스트모더니티가 제공하는 악에 대한 분석은 구속을 허락하지 않는다는 것입니다. 출구는 없습니다. 따라서 회개와 회복의 기회도 없습니다. 해체의 모래 수렁에서 벗어나 단단한 진리의 땅으로 돌아갈 방법도 없는 것입니다. 아마도 포스트모더니티가 악이 실재하고 강력하고 중요하다고 말하는 부분은 옳을지 모릅니다. 그러나 우리가 그 악에 대하여 무엇을 해야 하는지에 대한 진짜 실마리는 주지 않습니다. 그러므로 결정적으로 중요한 것은, 우리가 다른 곳을 바라봄으로써 문제를 바라보는 범주들을 확장하는 것입니다. 우리는 한쪽에는 천박한 근대주의의 수수께끼들을 놓고 다른 쪽에는 허무주의적 해체에 이르는 분석들을 놓은 상태에서 벗어나야 합니다. 이러한 자각은 이제 우리를 이 장의 세 번째 단락으로 이끕니다.

악에 대한 섬세한 관점을 찾아서

우리가 악에 대하여 더 크고 폭넓고 지속 가능한 분석을 찾아나선다면, 중요한 세계관들이 저마다 악의 문제를 다루는 방식을 지녔음을 발견하게 됩니다. 불교 신자는 현 세계가 환상이며 생의 목표는 이 세계에서 벗어나는 것이라고 말합니다. 이것은 고전적인 플라톤주의와 몇 가지 유사점이 있습니다. 그러나 플라톤은 비록 실재가 현 세계가 아닌 다른 곳에 있다고 하더라도, 현실의 정의와 덕이 공간과 시간과 물질의 세계 속에서 실현되어야 한다고 생각했습니다. 힌두교 신자는 현생에서 사람과, 특히 동물을 괴롭히는 악을 전생에 그들이 저지른 잘못과 관련지어 설명해야 한다고 말하며, 현재 자신에게 주어진 업보(karma)에 순종하며 따름으로써 잘못에 대해 속죄해야 한다고 말합니다[이런 세계관은 한 수준에서는 매우 만족스러운 해답을 주지만, 다른 수준에서는 대단히 많은 반(反)직관적인 문제를 끌어안는 대가를 요구합니다]. 마르크스주의자는 헤겔 사상의 어떤 측면들을 선택적으로 발전시켜, 이 세상이 프롤레타리아 독재를 향하여 결정론적으로 진행한다고 말합니다. 그리고 그 과정에서 생겨나는 문제들, 특히 폭력 혁명의 절대적 필요성과 같은 것은 성장에 따르는 고통일 뿐이며, 최종 결과로 정당화될 수 있습니다. 영광스런 목적이 지저분한 수단들을 정당화할 것이기 때문입니다. 오믈렛을 맛볼 때 비로소 당신은 왜 계란이 깨져야만 했는지를 이해하게 되는 것처럼 말입니다. 내가 이슬람을 제대로 이해하고 있다면, 모슬렘 또한 세상이 악한 상태에 있다고 말합니다. 마호메트를 통해 주어진 알라의 메시지가 아직도 모든 사람에게 전파되지 않았기 때문입니다. 그러므로 해결책은 이슬람교를 온 세계에 전하는 것이며, 이 과정이 평화적으로 이루어진다고 믿는 절대다수의 모슬렘과 성전(聖戰)을 통해 이루고자 하는 소수가 뚜렷이 구별됩니다.

    악에 대한 기독교의 관점 또는 유대교의 관점은 무엇입니까? 그것은 위에 제시된 것들과 어떻게 다릅니까? 그것이 물론 이 책의 주제이며, 저는 그 질문에 대답하는 것을 나중으로 미루어 놓았습니다. 그러나 악을 진지하게 분석할 때 포함되어야 할 요소들을 생각하는 데 도움이 되도록 몇 가지를 일러두는 것이 좋을 것 같다는 생각이 듭니다.

이 시점에서 우리는 다음 세 가지 요소를 고려하며 생각을 발전시켜야 합니다.

첫 번째 요소는, 우리가 자동적으로 받아들인 서구적 전제, 즉, 우리의 민주주의가 완전하고 완성된 형태며, 대헌장(Magna Carta)까지 거슬러 올라가는 현명하고 고상한 자유주의(libertarianism)의 오랜 발전 과정이 낳은 절정의 제도라는 생각에 내재한 결함을 인식하는 것입니다. 기본적으로, 이러한 우리 시대의 전제는 모든 것이 언제나 자동적으로 자유화의 방향으로 나아간다고 암시하는 일종의 저급한 근대사 인식이며, 수많은 문제점을 가지고 있습니다. 무엇보다도, 현재 우리의 민주주의 제도 자체가 위기 상태에 있습니다. 미국을 볼 때 우리는 초 부유층 중심의 정치와, 경제적 수단을 통해서든 군사적 수단을 통해서든 세계를 지배하는 것이 미국의 권리라고 믿는 말리기 어려운 신념을 발견합니다. 영국도 정부가 점점 대통령 중심제 정부처럼 변해가고 의회는 주변으로 밀려나고 있으며 유권자의 불만은 증가하고 있습니다. 유럽도 아이러니와 긴장과 부패와 속임수 같은 많은 문제를 안고 있습니다. 이런 문제들과 관련된 논쟁을 그저 '유럽선호파와 유럽혐오파의 대립'(Europhile vs. Europhobe, 유럽 통합과 유럽 연합의 역할 강화에 대해 상반된 입장을 가지는 그룹들을 일컫는 표현—역주) 정도로 통속적으로 규정하는 것만으로는 이런 문제들을 이해할 수 없고 해결할 수도 없습니다. 우리는 정말로 서구 스타일의 정부가 유일한 형태의 또는 심지어는 가장 좋은 형태의 정부라고 확신할 수 있을까요? 저 자신은 아직도, '때때로 시도되는 다른 모든 형태의 정부를 제외하면 민주주의가 가능한 한 가장 나쁜 통치 형태'라고 한 처칠의 말에 동의합니다. 물론 저는 다른 체제 아래서 살고 싶지는 않습니다. 그러나 우리가 민주주의를 실행하는 방식 속에서 맞닥뜨리는 문제들을 보면서 점점 의문이 커지는 것이 사실입니다. 적어도 아프가니스탄이나 특히 이라크가 우리의 방식을 받아들이는 것이 옳다고 생각하는 태도만큼은 재고해야 할 것 같다는 생각입니다. 저의 의도는, 단순히 '서구 민주주의'라는 깃발을 흔드는 것만으로는 실제로 우리의 집단적 사회적 환경에서 등장하는 악의 문제를 해결하지 못한다는 인식을 촉구하려는 것입니다.

우리가 반드시 고려해야 할 두 번째 요소는 심리적인 것입니다. 미국의 유명한 정신과 의사인 스캇 펙(M. Scott Peck)은 다년간 불가지론자였습니다. 그는 표준적인 심리치료 모델을 배웠고, 그 모델에서는 악이라는 것이 존재하지 않는다고 여겨집니다. 그러나 그가 기독교 신앙에 입문하게 될 즈음에(이것은 그에게 놀라운 일이었지요), 그는 환자나 환자의 가족이 단순히 병들었거나 혼란이나 오류에 빠진 것으로만은 볼 수 없는(적어도 그런 설명이 충분하지 않은) 경우가 있음을 인식하게 되었습니다. 그는 '악'이라고 부를 수밖에 없는 더 크고 어두운 힘을 대면하게 되었던 것입니다. 그는 이 인기 없는 관점을 자세히 진술하고자 「거짓의 사람들」(*People of the Lie*, 비전과리더십 역간)이라는 책을 썼습니다. 물론 사람들은 적어도 아리스토텔레스 이후로 의지의 약함(아리스토텔레스의 용어로는 *akrasia*) 같은 것이 존재함을 알고 있습니다. 우리는 모두 선한 일을 의도했으나 도리어 악한 일을 행하는 경우를 잘 알고 있습니다. 펙에 의하면 심리치료는 사람들이 악에 의해 사로잡히는 것이나, 거짓말을 믿고 그 힘으로 살아가는 것이나, 그것이 거짓말임을 잊어버리고 자기 존재의 근거로 삼는 것이 가능하다는 사실을 직시해야만 합니다. 저는 일반적인 의지의 약함과 거짓에 완전히 사로잡혀 거짓을 전적으로 믿는 것이 정도의 차이인지 질적인 차이인지 판단할 수가 없습니다. 개인적으로는 후자라는 느낌이 들기는 하지만 말입니다. 제 생각에는, 우리가 악을 논의할 때에는 반드시 인간의 악이라는 것이 존재하며 다양한 형태를 지닌다는 것을 인식해야만 합니다. 하지만 모더니티나 포스트모더니티에는 그런 인식이 없는 것 같습니다. 사람들 중에는 절대적인 확신을 품고 종종 매우 설득력 있게 자신이 옳을 뿐 아니라 선도적인 위치에 있다고 주장하는 경우가 있는데, 이런 경우가 악의 다양한 형태에 속하는 것입니다.

위에 언급한 책에서, 펙은 자신이 받은 전통적인 자유주의적 교육과 과거의 이해들에 반하여, 인격을 초월하고 인간을 초월하며, 개인이나 (어떤 경우에는) 전체 사회를 사로잡는 악의 힘이나 세력들이 존재한다고 주장합니다. 마귀라는 용어를 사용하는 것은 많은 문제가 따르는 일이며, 자유주의적인 근대주의의 분위기에서는 그런 언어가 항상 조롱을 받아 왔기에, 그 말을 꺼내는 것조차 위험한 일로 여겨질 것입니다. 그러나 지난 세기의 가장 진지한 분석가들이라고 할 수 있는 많은 사람이, 일어난 일을 이해하고 설명하기 위해 어쩔 수 없이 이런 언어를 사용했습니다. 저의 마음에 가장 뚜렷하게 남아 있는 예는 토마스 만(Thomas Mann)과 그의 위대하면서도 가슴 아픈 소설 「파우스트 박사」(*Doctor Faustus*, 필맥 역간)입니다. 그의 소설에 나오는 파우스트는 마귀에게 영혼을 팔고 자신보다 더 큰 힘에 사로잡히게 되는 독일 자체의 이미지임이 점점 분명해집니다. 그 힘은 많은 사람을 파괴하는 끔찍한 힘이며 마지막에는 자신까지도 파괴하고 맙니다.

제 생각에는 우리가 악의 문제가 가진 이런 요소, 이런 차원을 이해하려는 진지한 노력을 이제 겨우 시작한 것 같습니다. 모더니즘도 포스트모더니즘도 그것에 관심을 기울이지 않으며, 마귀들에 대한 건강하지 못한 관심의 위험을 인식하는 많은 기독교 신학자도 이 문제를 비켜가고 말 뿐입니다(저 자신도 최근의 작업에서 그렇게 한 적이 있습니다). 그러나 월터 윙크가 '권세'(Powers)를 다루는 그의 중요한 저술에서[3] 강력하게 주장한 대로, 모든 집단적인 제도가 일종의 집단적 정신(soul)을 가지고 있다는 관점에 대해서는 해야 할 말이 많습니다. 이런 집단적 정신은 부분의 합보다 더 큰 정체성이며, 실제로 각 부분에 대해 무엇을 어떻게 행하라고 지시할 수도 있습니다. 이 사실은 우리로 하여금 어떤 경우에는 이런 집단적인 제도 중 하나개[그것이 기업이든지, 정부든지, 심지어는 (하나님 우리를 도우소서) 교회든지] 너무 깊이 악에 물들어서 집단적인 수준의 '귀신들림'(possession)이라는 말이 눈앞의 현상을 설명하는 유일한 방법이 될 수도 있다는 생각을 하게 합니다.

이것은 우리를 세 번째 논점으로 이끕니다. 이 논점은 알렉산드르 솔제니친(Aleksandr Solzhenitsyn)이 인상 깊게 제시한 것입니다. 솔제니친은 오랜 망명 기간 후에 자신의 고향 러시아로 돌아가는 동안 러시아를 횡단하며 여행 중에 만난 모든 사람에게 인사를 건넸습니다. 그가 만났던 사람 중에는 공산주의 체제하에서 동료 시민을 억압했으며, 1989년 이후에도 그 지위에 남아 있었던 지역 관료들도 있었습니다. 어떤 이들은 그의 행동을 비난하기도 했습니다. "솔제니친이 악한 체제의 일부였던 사람들과 사귀면서 무슨 짓을 하고 있는가?"라고 말입니다. 그러나 그는 "아니다, 선과 악의 경계선은 '우리'와 '그들' 사이에 있지 않다"라고 대답했습니다. 선과 악의 경계를 나누는 선은 우리 각 사람을 관통합니다. 악함이라는 것은 실제로 존재합니다. 그리고 우리는 작고 낮은 등급의 악함과, 크고 끔찍한 악함을 구별해야 합니다. 우리는 한 번 사소한 도둑질을 한 사람과 히틀러를 정확히 같은 부류로 취급하거나, 시험에서 부정행위를 하는 학생과 빈 라덴이 동등한 수준의 악을 저지르고 있다고 생각하는 경솔한 실수를 범해서는 안 됩니다. 하지만, 또한 어떤 사람은 '선하고' 어떤 사람은 '악하다'는 식으로 딱지를 붙임으로써 다른 방식으로 악의 문제를 그저 사소한 일로 축소해 버리고, 그렇게 함으로써 악의 문제가 다루어질 수 있다거나 해결될 수 있다고 생각해서도 안 되는 것입니다.

저는 우리가 형이상학적 수준이든, 신학적 수준이든, 정치적 수준이든, 개인적 수준이든 악을 이해하는 데 조금이라도 진전을 이루려면 세 가지 요소(우리가 민주주의를 오해하고 있을 수도 있고 그것이 만병통치약이 될 수 없음을 기꺼이 인정하는 것, 악의 심층적 차원과 초인격적인 요소를 인식하는 것, 그리고 선과 악을 가르는 선이 우리 모두를 관통한다고 인식하는 것)가 반드시 필요하다고 생각합니다. 앞으로 이어지는 장들에서 저는 이 요소들을 충분히 고려하며 논의를 진행할 수 있기를 바랍니다. 이제 이 장을 마무리하면서 우리 앞에 놓여 있는 과제를 특별히 기독교적인 관점에서 간략하게 제시하고자 합니다.

나오는 말

저는 우리 시대의 커다란 질문을, 우리 세계에 존재하는 악의 실재를 어떻게 다루며 사는가와 관련지어 이해할 수 있다고 주장했습니다. 철학자들과 신학자들의 전통적인 수수께끼들로부터 자라난 악의 문제는 오늘날 길거리에서 우리와 맞닥뜨리고 있습니다. 그리고 그 문제는 그 수수께끼를 풀어 줄 현명한 형이상학자를 기다리지 않습니다. 우리는 무엇을 행해야 합니까? 우리가 악을 무시하거나, 모든 것을 다른 사람들의 잘못이라고 말하거나, 우리 자신에게 모든 책임을 돌리는 식으로 미숙하게 악의 문제에 반응하지 않으려면, 많은 사람(특히, 정치인들)이 묻는 다음과 같은 질문들에 대해 더 깊이 있고 세심하게 대답해야만 합니다. 왜 이런 일이 일어나는 것입니까? 하나님이 이것에 대해 무엇인가를 행하셨다면 무슨 일을 행하셨습니까? 또 우리는 그것에 대해 무엇을 행할 수 있으며 또 행해야 합니까?

유대교의 뿌리로부터 자라난 기독교 신앙은, 하나님이 세상을 만드셨고 지금도 열정과 동정심을 가지고 세상에 개입하신다고 믿습니다. 고전적인 유대교와 고전적인 기독교는 악에 대하여 한 번도 미숙하고 피상적인 관점을 지녔던 적이 없습니다. 그러므로 최근 몇 세기 동안, 라이프니츠로부터 니체에 이르는 주류 철학자들이 어떻게 악의 문제에 관한 기독교적 관점을 무시될 수 있고 싸구려 만화처럼 폐기될 수 있는 것으로 생각하고 글을 쓸 수 있었는지는 하나의 수수께끼입니다. 그들에 맞서 그 이슈를 취급하고자 일어난 신학자들이 없었을까요? 그 재판은 단순히 증인 결석 상태로 진행되었을까요?

특히, 악을 매우 진지하게 취급하는 한 고상한 기독교 전통은 그 문제를 어떤 식으로든 명확하게 '해결'하려고 들지 말라고 경고합니다. 만일 여러분이 악에 대하여 어떤 분석을 제시했는데, 그것을 들은 사람들이 "그렇군요. 좋습니다. 이제 우리도 그것이 어떻게 된 일이며, 앞으로 무엇을 해야 할지 알겠습니다"라고 말하게 된다면, 여러분은 그 문제를 축소해 버린 것입니다. 한번은 철학적 신학 분야의 한 유력한 학자가 아우슈비츠에 대하여 이와 같은 시도를 하는 것을 들은 적이 있습니다. 그 때 저는 몸이 움찔할 정도로 매우 당황스러웠습니다. 우리는 악이 휘두르는 강타를 누그러뜨릴 수 없고, 또 그렇게 해서도 안 됩니다. 악이 그다지 나쁜 것이 아니라는 듯이 말할 수 없으며, 또 그렇게 해서도 안 됩니다. 그것은 싸구려 모더니즘으로 돌아가는 것일 뿐입니다. 앞서 말했듯이, 그것은 폭탄 몇 개를 잘 쏘면 세상에서 '악'을 제거할 수 있다고 생각하는 미숙한 정치적 반응과 짝을 이루는 지성 영역의 대응물일 것입니다. 그러나 실상은 절대 그렇지 않습니다. 그리스도인들에게 그 문제는 창조의 선함과 신적인 기원을 어떻게 이해하고 경축하는가 그리고 동시에 어떻게 악의 실재와 심각성을 이해하고 직면하는가 하는 것과 관련이 있기 때문입니다. 세상이 정말로 하나님의 선한 창조가 아니라고 말하거나 악이 정말로 그렇게 나쁜 것만은 아니라고 말하면서, 이쪽이나 저쪽을 희석하면서 그 문제를 '해결'하는 것은 쉬운 일입니다. 그러나 제가 이 장에서 주장한 것은 그 문제가 단순히 철학이나 신학 같은 분야에 국한되는 것이 아니라는 사실입니다. 우리가 당면한 정치적 사회적 영역에서 직접 대면하는 몇 가지 복잡하고 긴급한 문제 속에서 당혹감을 느낀다면, 그것은 그 당혹감의 뿌리에 이 질문을 제대로 다루지 못한 실패가 자리잡고 있다는 의미일 것입니다.

우리 사회를(교회는 물론이고) 사로잡고 있어야 할 질문은 바로 이런 것들입니다. 위대한 사상가들과 사회 비평가들이 제시해 놓은 악에 대한 다양한 통찰을 어떻게 통합할 수 있는가? 필요하다면, 어떻게 그것들에 대하여 기독교적 비평을 제시할 수 있는가? 어떻게 그 문제를 단순한 방법으로 '해결'하려 하지 않으면서도 기독교의 이야기를 말할 수 있는가? 어떻게 그것을 성숙한 방식으로 다루어 나가며, 그 가운데서 창조자 구속자 하나님에 대한 더 깊고 현명한 신앙에 이를 수 있는가? 모든 것을 정복하는 하나님의 사랑은 언젠가 새로운 창조를 가져올 것이며, 그 안에 어둡고 두려운 혼돈의 바다는 더 이상 존재하지 않을 것입니다. 무엇보다도, 노아의 홍수는 창조주 하나님조차 세상을 만드신 것을 후회하셨음을 보여 주는 표시였습니다. 그러나 그것은(특히 무지개의 표적을 통해) 새로운 시작, 새로운 언약을 불러오는 수단이 되었음을 또한 기억해야 합니다. 만일 우리가 악에 대해 더 잘 이해하려 하고, 세상의 악에 대해 거룩한 눈물을 흘릴 뿐 아니라 혼돈의 물로부터 나타나는 새로운 감람나무 가지를 찾도록 비둘기를 날려 보내는 신선한 창조성을 기꺼이 발휘하려 한다면, 우리가 제대로 나아가고 있는 것이라고 생각합니다. 바다는 강력하지만, 창조주 하나님은 바다보다 여전히 더 강력하십니다. 악(evil)은 여전히 네 글자로 된 단어(이 영어 표현에는 '말하기 꺼려지는 단어'라는 의미도 있음—역주)로 남을 것입니다. 하지만 하나님께 감사합시다. 사랑(love) 또한 네 글자로 된 단어이기 때문입니다.

2. 하나님은 무엇을 하실 수 있는가?
_ 불의한 세계, 정의로운 하나님?

들어가는 말

첫 번째 장에서, 저는 악의 문제에 대한 대규모의 개관을 제시했고, 우리가 악에 대해 분별력을 가지고 기독교적으로 사고하려 할 때 토대로 삼을 필요가 있는 몇 가지 요소를 제시했습니다. 저는 악이 단순히 철학적인 문제가 아니라 현실적인 문제라고 주장했습니다. 계몽주의 전통은 악을 무시하거나 과소평가함으로써 교만의 죄를 범하고 있다는 비난을 받았습니다. 그러나 포스트모더니즘이 제시하는 계몽주의에 대한 비판도 중요한 의미가 있지만, 그 자체로는 신선한 해결책을 제시할 수 없음을 살펴보았습니다. 결론적으로, 저는 서구 민주주의 자체를 전 지구적인 악의 문제에 대한 자동적인 해결책으로 간주해서는 안 되며, 초 인간적인 악의 권세가 존재한다는 사실과, 선과 악의 경계선이 '우리'와 '그들' 사이로 지나가는 것이 아니라 모든 개인과 모든 사회를 관통한다는 사실을 진지하게 받아들일 필요가 있다고 주장했습니다.

저는 지금까지 의도적으로 성경을 살펴보지 않았습니다(바다의 이미지를 언급할 때만 제외하고). 그렇게 한 주된 이유는, 유대교와 기독교 전통 속에 악의 문제를 다루는 어떤 자료들이 있는지 묻기 전에, 오늘날의 세계에서 그 문제가 드러난 그대로를 예비적으로 한번 둘러보고자 했기 때문입니다. 이제 저는 성경 속으로 직접 뛰어들어 성경 자료들이 우리에게 무엇을 줄 수 있을지 살핌으로써 이제까지 부족했던 부분을 보충할 것입니다. 그러나 제가 구약과 신약을 각각 한 장으로 다루는 것만으로는 언급해야만 할 것을 빠짐없이 언급할 수 없음을 밝혀두고자 합니다. 우리가 최선을 다한다고 해도 그것은 표면을 살짝 긁는 정도에 불과할 것입니다. 그러나 때로는 표면을 긁는 것만으로도 결정적인 단서를 얻게 되는 경우가 있습니다.

이 장의 제목에는 구약 성경의 매우 중요한 특징에 대한 저의 인식이 반영되어 있습니다. 서구 철학의 전통은 우리로 하여금 '하나님이 악에 대해 무엇을 말씀하실 수 있는가?'라는 질문에 대한 대답을 기대하고 요구하도록 부추깁니다. 우리는 설명을 원합니다. 우리는 악이 정말 무엇인지, 왜 악이 처음부터(또는 적어도 처음 직후부터) 존재하고 있는지, 왜 악이 지속되는 것이 허용되는지, 그리고 얼마 동안이나 지속될 것인지 등을 알고 싶어 합니다. 그렇습니다. 이런 질문들이 성경에 있습니다. 그러나 실망스럽게도 충분한 대답이 주어지지는 않습니다. 혹시 답을 준다고 해도 후세의 철학 전통이 적절하다고 여기는 그런 종류의 답은 아닌 것이 분명합니다. 질문의 순서를 바꾸어 보면, 시편은 이런 비참한 상태가 언제까지 계속될 것인지를 수시로 묻습니다(시 13:1; 79:5 등). 당분간

이런 악한 상태가 지속되도록 허락되었고, 그럼으로써 하나님이 심판하실 때 그 심판이 공의롭게 드러나게 될 것이라는(예를 들어, 창 15:16; 단 8:23) 어두운 암시들이 있습니다. 창세기 3장과 6장에는 악이 하나님의 선한 피조세계로 침입한 침략자처럼 나오는 장면이 언뜻 비칩니다. 물론 만족스러울 만큼의 설명이 따르는 것은 아닙니다. 구약 성경은 세 가지 모습의 악―우상 숭배와 그에 따른 비인간화의 악, 악인들이 (특히 의인들에게) 행하는 행위로서의 악 그리고 '사탄'('고소자'라는 의미의 히브리어 단어)이 행하는 악―을 반복해서 언급하고 있습니다. 그러나 엄밀히 말하면 이것들 중 어떤 것도 정확히 일치하는 설명은 아닙니다. 하나님이 악에 대해 말씀하실 수 있는 것이 있다고 하더라도, 성경은 그것을 말하지 않으려는 것처럼 느껴집니다. 이것은 제가 앞 장에서 주장했던 내용, 즉 기독교 사상 안에서 적어도 한 가지 전통은 악을 완전히 설명하려는 우리의 시도에 대해 경고해 왔다는 것을 뒷받침하는 또 하나의 강력한 논거가 됩니다.

구약 성경은 하나님이 악에 대해 무엇을 말씀하시는지보다는, 악에 대해 무엇을 행하실 수 있고, 행하고 계시며, 또 장차 행하려고 하시는지를 많이 말해 줍니다. 이런 내용으로부터 거꾸로 추론하여 성경이 악을 무엇이라고 생각하는지, 왜 악이 존재하는지를 어느 정도 설명하는 것이 가능할 것입니다. 그러나 그것은 주된 초점이 아닙니다. 구약 성경이 하나의 신정론(theodicy: 반대되는 증거에 맞서 하나님의 정의를 설명하는 것)을 말하고 있다면, 그것은 후대의 철학의 언어가 아닌 하나님과 세상의 이야기, 특히 하나님과 이스라엘의 이야기라는 언어로써 표현되기 때문입니다.

저는 구약 성경을 전체적으로 이해하는 데 이것이 결정적으로 중요하다고 생각합니다. 사실 성경이 우리에게 제공하는 것은 한 움큼의 교리나 윤리보다 훨씬 적기도 하고 많기도 합니다. 또한 그것은 '점진적 계시', 즉 하나님이 누구이신지를 지속적으로 펼쳐보이는 것보다 훨씬 적기도 하고 많기도 합니다. 구약 성경은 단순히 추상적인 수준에서 '하나님에 관해 말해 주는' 책이 아닙니다. 애초부터 정보 제공이나 지적인 호기심을 충족시켜 주려고 고안된 것 또한 아닙니다. 성경은 하나님이 무엇을 행하셨고, 무엇을 행하고 계시며, 무엇을 행하실 것인지에 관해 이야기해 주려고 쓰였습니다. 이것은 우리가 오늘날 정경으로 받아들이는, 히브리 성경과 영어 성경의 순서를 따르는 구약 성경뿐만 아니라, 다른 대부분 책들(즉, 구약 외경들—역주)에도 해당하는 말입니다. 이것은 몇 가지 서로 다른 수준에서 일어난 일이며, 우리는 곧 그 수준들을 살펴볼 것입니다. 그러나 출발점에서부터 우리는 구약 성경의 배후에 놓인 내러티브 논리 전체가 구약 성경이 바로 이런 책이라는 전제 위에서 작용한다는 것을 이해해야 합니다.

우리가 어디로 가고 있는지 볼 수 있도록 세 가지 수준을 구체적으로 지도로 그려보겠습니다. 첫째로, 우리가 가진 전체 구약 성경은 마치 거대한 문이 작은 경첩에 달린 것처럼, 창세기 12장의 아브라함의 부름이라는 사건에 매달려 있습니다. 이것은 창조주 하나님이 창세기 3장(인간의 반역과 에덴동산으로부터 추방), 창세기 6장과 7장(인간의 악함과 홍수 사건), 그리고 창세기 11장(인간의 교만, 바벨탑, 그리고 언어의 혼잡)에 명백하게 드러나는 문제에 대한 대응으로서 계획하신 일입니다. 그 안에서 우리는 이차적으로 발생한 문제를 발견합니다. 즉 아브라함의 자손 이스라엘은 약속의 운반자가 되어야 했지만, 그들 자신이 문제의 일부임이 드러나는 것입니다. 이것은 족장들의 이야기로부터 출애굽, 모세에서 다윗, 이스라엘 왕정의 파란곡절에서 최종적으로 이스라엘의 바빌론 유수에 이르는 거대하고 장중한 서사를 통해 펼쳐집니다. 그 과정에서 다시 한 번 우리는 문제의 세 번째 수준을 보게 됩니다. 즉 반역한 인류뿐 아니라, 주어진 사명에 실패한 이스라엘뿐 아니라, 이스라엘을 포함한 모든 인간 개개인이 자신이 죄악되고, 우상 숭배적이며, 마음이 완고하다는 것을 발견하는 것입니다.

이것의 결과는 구약 성경을 한 쪽씩 넘길 때마다 분명히 드러납니다. 그렇습니다. 구약 성경에서 '악의 문제'는 종종 사악한 이방 나라들이 불쌍하고 방어할 힘이 없는 하나님의 백성을 억압하는 친숙한 모습으로 등장합니다. 그러나 역사서와 예언서는 이스라엘로 하여금 그 문제가 '우리'와 '그들'의 차원보다 더 깊은 차원의 문제임을 반복하여 상기시킵니다. 서구의 많은 사상이 철학적 신학적 이해의 중심으로 삼아 온 개인의 문제는, 성경에서는 이스라엘과 인류와 피조세계의 문제라는 더 큰 문제의 일부로서 제시됩니다. 저는 우리가 이런 식으로 구약 성경을 읽는 법을 배운다면(보통 우리는 성경을 이렇게 읽지 않습니다. 교회에서나 개인적으로나 성경의 작은 부분들만 읽고 끝날 뿐입니다), 특정한 그리고 때로는 당황하게 하는, 나무들뿐 아니라 전체 숲을 볼 수 있으리라 생각합니다.

축복의 갱신

아마도 성경의 첫 부분에서 시작하는 것이 좋을 것 같습니다. 이 장의 첫 번째 주된 단락에서는, 창세기 12장과 거기서부터 전개되는 이야기(narrative)가 창세기 1-11장에 제시된 악과 관련된 삼중적인 질문을 어떻게 다루는지를 설명할 것입니다. 그리고 두 번째 단락에서는, 아브라함의 가족 자체가 악으로 혼란에 빠졌을 때, 아브라함의 가족 이야기 전체라는 큰 틀의 이야기에서 생겨나는 복합적인 문제들을 다루겠습니다. 세 번째 단락에서는, 바벨론 포로기에 특별히 초점을 두고, 다른 어느 곳보다도 악에 관한 질문을 깊고 신랄하게 다루는 욥기를 포함하여 성경 본문 세 군데를 살펴보고자 합니다. 이것을 통해 우리는 구약 성경이 제시하는 강력한 주제들(설명은 하지만 결론을 제시하지는 않는)을 발견하게 될 것이고, 구약 성경이 우리로 하여금 악의 문제를 직면하게 하는 방식에 대하여 몇 가지 결론을 얻게 될 것입니다.

우리는 하나님이 아브라함을 부르시고(이 때 그는 아직 아브람이었지만 편의상 아브라함이라는 이름을 사용하겠습니다) 그와 그의 가족을 통해 땅 위의 모든 민족이 복을 받게 하겠다고 결정하신 장면에서부터 출발합니다(창 12:1-3). 이 약속은 아브라함과 이삭과 야곱에게 다양한 모습으로 반복하여 주어집니다. 하나님이 구체적으로 어떻게 아브라함과 그의 가족을 통해 다른 민족들에게 복을 베푸실지는 언급되지 않습니다. 단지 그것이 하나님의 의도라는 점만 분명히 밝혀질 뿐입니다. 구약 성경의 다른 많은 작은 이야기와 마찬가지로, 우리는 이 부분을 이야기의 머리말로 간주하고 전체 이야기를 이해해야만 합니다. 그러므로 우리가 이후에 여러 장 혹은 모든 책을 읽어 내려가는 동안 이스라엘을 통해 세상에 복이 임하는 것을 느끼지 못하더라도, 이것이 적어도 저자의 생각 배후에 놓여 있음을 기억해야 하는 것입니다. 아마도 하나님의 생각에는 이것이 가장 앞부분에 놓여 있을 것입니다.

그러므로 창세기 12장은 우리로 하여금 '이것이 해결책이라면 문제는 무엇인가?'라는 질문을 던지며 창세기 1-11장으로 돌아가게 합니다. 제가 지적했던 것처럼, 창세기 3-11장은 삼중적인 문제를 제시하고 있고, 하나님이 아브라함을 부르신 사건은 그에 대한 대답으로 제시된 것처럼 보입니다. 창세기 12장에서부터 성경을 거꾸로 읽어 나가면 처음으로 만나게 되는 이야기가 바벨탑 이야기입니다. 인간의 교만은 말 그대로 극에 달하고, 그들은 자신의 이름을 내고 안전을 확보하고자 탑을 건설하기 시작합니다. 하나님이 내려오셔서 하잘것없는 조그만 탑을 보시고(이 본문은 아이러니와 유머가 가득합니다), 인간들이 자신의 교만한 야망을 실행하지 못하도록 언어를 혼잡하게 하십니다. 하나님은 악에 대해 무엇을 하고 계실까요? 한편으로 하나님은 악을 직면하시고 심판하시며 그것이 계획한 효과를 내지 못하도록 멈추게 하시면서도, 다른 한편으로 뭔가 새로운 일을 행하십니다. 하나님은 새로운 과업을 시작하시고, 그것을 통해 배후의 문제 곧 인간 가족의 분열과 저주가 복으로 대치됩니다. 아브라함의 가족이 어떻게 바벨의 저주를 되돌려 놓을지는 분명하지 않습니다. 어떤 이는 오늘날 중동의 현실을 보더라도 아직 이것이 분명히 나타나지 않는다고 말할 것입니다. 아브라함의 가족은 이제 아주 확실하게 둘로 나누어져 있기 때문입니다. 실제로 이런 분열은 먼저 이스마엘이 태어나고 다음에 이삭이 태어나는 창세기 16장과 21장까지 거슬러 올라갑니다. 그리고 그것은 가족의 한쪽 가지는 예루살렘을 바라보고 있고, 또 다른 쪽 가지는 (적어도 어떤 면에서) 바그다드 곧 고대의 바빌론을 바라보고 있는 오늘날 우리의 현실로 직접 연결됩니다. 신약 성경에 들어와서 우리는 창세기 12장의 약속이 효과를 나타내는 것을 발견하게 됩니다. 물론 가장 뚜렷한 것은 오순절 사건입니다. 그렇다면 오순절이 창세기 11장에서 제기된 문제에 어떻게 적용되어야 할까요? 이 질문은 아직도 긴박하게 논쟁이 진행되고 있는 문제입니다. 우리는 나중에 이 논쟁으로 돌아올 것입니다.

우리는 특별히 두 가지 특징적인 모습을 보게 됩니다. 첫째는, 인간과 땅이 서로 연결되어 있다는 것입니다. 바벨에 살던 교만한 사람들이 도시와 탑을 건설합니다. 하나님은 아브라함에게 한동안 고정된 거처가 없이 유목민으로 지내라고 하시지만, 마지막에는 땅을 주겠다고 약속하십니다. 둘째는, 창세기 12장에 제시된 '해결책' 또는 대답이 순전히 종말론적임을 깨달을 수 있다는 것입니다. 즉, 그 결과는 미래에 놓여 있습니다. 이는 이 시점 이후로 진행되는 이야기가 깊은 불확실성을 띠게 된다는 의미입니다. 아브라함 가족은 세상이 올바른 모습으로 돌아올 것이라는 미래의 약속을 바라보며 나아가지만, 그 약속은 여전히 성취되지 않고 있습니다. 그 결과, 간략히 말하면 아브라함의 후손은 그들이 정착한 곳에서 그들의 방식으로 바벨을 이루게 됩니다. 그리고 궁극적으로 아브라함 가족은 포로로 잡혀갈 것입니다. 그들이 포로로 잡혀갈 곳은 바빌론, 곧 바벨입니다. 해결책이 되어야 할 사람들이 바벨로 돌아가 다시 문제를 경험하게 될 것입니다.

창세기를 좀더 거슬러 올라가면 앞 장의 주제였던 홍수 이야기를 만나게 됩니다. 이 이야기는 성경 전체를 통틀어 가장 슬픈 내용을 담고 있습니다. 하나님은 인류의 악함 때문에 가슴으로 깊이 탄식하십니다. 마치 깊은 우울증에 빠진 사람처럼 크게 한탄하시며, 처음으로 당신이 세상을 지으신 것을 후회하십니다(창 6:6). 이 때 홍수는 하나님이 악에 대응하시는 패턴을 다시 한 번 드러냅니다. 한편으로는, 말 그대로 급류처럼 맹렬한 심판으로 땅과 동물들을 쓸어버리시고, 다른 한편으로는 그 멸절로부터 한 가족을 은혜로 구원하시는 그것입니다. 이는 하나님의 창조의 본래 목적이 좌절되지 않을 것이며, 하나님이 마음의 슬픔과 후회를 안고 이제 그 목적을 이루려고 온 힘을 기울이실 것임을 잘 보여 줍니다. 그러나 이 이야기 속의 어떤 내용도 하나님이 노아와 그의 가족을 구원하심으로써 그들을 과거의 악인들과는 다른 상상력과 성향을 품은 존재로 만드신다고 암시하지는 않습니다. 그들은 여전히 창세기 6:5에서 "사람의 죄악이 세상에 가득하고 마음으로 생각하는 모든 계획이 항상 악할 뿐이다"라는 선언을 들은 사람들과 같은 존재로 남아 있습니다. 그리고 노아의 가족으로부터 아브라함만 태어나는 것이 아니라 바벨탑을 건설한 사람들도 나옵니다. 이 사건은 하나님이 악을 미워하실 뿐만 아니라 악이 당신의 피조세계에 영향을 끼치는 것을 싫어하신다는 것과, 하나님이 그런 악을 막기 위해 행동하실 수 있고 때로 정말로 행동하신다는 것, 그러나 또한 하나님은 주권적인 창조주이시므로 다른 한쪽으로는 자신이 피조세계를 통해 이루고자 하시는 본래의 목적이 성취되는 길을 찾아나가신다는 것을 보여 주는 표상으로 남아 있습니다. 바벨 사건에서와 마찬가지로 홍수 사건에서도 인간과 땅은 서로 밀접히 연결되어 있습니다. 인류에 대한 하나님의 심판의 일부로서 홍수가 땅을 삼킵니다. 그리고 노아에게 주어진 인간 구원의 표지는 새롭게 물을 받은 대지에서 올라오는 초록색 감람나무 잎사귀였습니다. 이것은 의미심장하게도 인간이 아닌 피조물(비둘기)에 의해 전해집니다. 홍수 이야기는 포도원 장면에서 끝이 나는데, 새로운 열매를 맛보는 풍성함이 시작되었지만 악이 다시금 땅 위에 퍼질 수도 있다는 혼합된 메시지를 남깁니다.

좀더 거슬러 올라가면, 우리는 창세기 3장에서 인간과 뱀과 금지된 열매에 관한 잘 알려진 이야기를 만나게 됩니다. 이 이야기에 관해서는 대단히 많은 글이 쓰였고, 사실 저에게 새로운 통찰이라고 할 만한 것은 없습니다. 그러나 이 이야기는 이제까지 나온 모든 문학 중에서 가장 심오하면서도 가장 사람들을 어리둥절하게 만드는 이야기임이 틀림없습니다. 우리는 모두 이 이야기가 말해 주지 않는 부분을 알고 싶어합니다. 왜 하나님의 아름다운 피조세계 안에 처음부터 뱀이 존재하는지, 왜 뱀은 자기의 영특함을 그런 식으로 사용하기를 원하는지 말입니다. 이 이야기는 우리에게 악에 대한 설명을 제시하는 대신에, 악에 대한 간략한 분석을 제공합니다. 특히 악에서는 자신과 다른 사람을 속이는 것이 강력한 역할을 한다는 것과, 악에 대한 변명이 마음과 혀에 쉽게 들어오더라도 그 책임을 벗어버릴 수는 없음을 보여 줍니다.

그리고 그 이야기는 다시 한 번 하나님이 악에 대해 무슨 일을 하시는지 말해 줍니다. 하나님은 에덴동산으로부터 인간들을 추방하시고, 몇 가지 저주를 부과하심으로써 악을 심판하십니다. 그들이 반역의 상태로 있는 동안에는 결코 생명나무 열매를 먹을 수 없습니다. 땅 자체도 함께 저주를 받아 날카로운 가시와 농사를 수고롭게 만드는 잡초를 낼 것입니다. 이렇게 해서 하나님의 창조 과업은 굽은 길로 멀리 돌아가야만 하게 되었습니다. 그 길은 가시와 엉겅퀴, 먼지와 죽음을 통과해야만 하는 길입니다. 그러나 추방 이후에도 은총의 표지들은 남아 있습니다. 비록 거의 비슷한 정도로 저주의 표지들이 섞여 있기는 하지만 말입니다. 본래 인간에게 주어진, 생육하고 번성하라는 명령은 이제 그 성취가 비참할 정도로 불확실해졌지만, 아직 폐기되지는 않았습니다. 하와는 주님의 도움으로 가인을 잉태했으나, 창세기 4장에서 가인은 살인자가 되어버립니다. 하나님이 주신 생명의 표지가 이제는 하나님이 주신 죽음의 저주도 함께 운반하는 것입니다. 창세기 5장에 나오는 아담 자손들의 계보는 마침내 아브라함에 이르러 새로운 은총과 땅에 대한 약속을 얻을 때까지, 세대마다 새로운 생명을 통해 새로운 소망을 가져오는 동시에 "죽었더라.···죽었더라"라는 후렴구를 통해 창세기 3장에서 일어난 일을 반복해서 상기시켜 줍니다.

   그렇게 해서 구약 성경의 틀을 결정하는 위대한 이야기는 악의 문제와 그에 대한 하나님의 반복적인 대답에 관한 삼중적인 진술과 함께 시작됩니다. 악은 반드시 철저한 심판을 받아야 합니다. 하나님은 아름다운 세상을 만드셨고, 악은 (이 단계에서 우리가 정의를 내린다면) 그런 세상을 망가뜨리고 거꾸로나 안팎으로 뒤집어 놓는 것입니다. 인간은 그들의 생명의 근원이신 하나님을 예배하는 대신 인간이 아닌 피조물에 충성합니다. 땅은 하나님을 경외하는 하나님의 형상을 지닌 청지기들의 현명한 통치를 받는 대신 우상을 숭배하는 인류로 말미암아 함께 저주를 받습니다. 원래의 구도에서는 죽음이 자연스럽고 해가 없는 것이었을 수도 있었겠지만, 이제는 독이 너무 멀리까지 퍼지는 것을 막고자 찾아오는 두려운 형벌 집행관의 모습을 띠게 되었습니다. 아담이 생명나무의 열매를 따 먹고 타락한 상태로 영원히 살게 될지도 모른다고 염려하셨던 하나님은(3:22), 또한 교만한 인류가 갈수록 더 큰 악을 획책하게 될지도 모른다고 염려하십니다(11:6). 현재의 심판은 악의 지나친 발전을 막기 위한 것입니다. 하나님이 경고하시는 죽음은 아담과 하와의 추방, 노아 세대에 임한 홍수, 바벨에서의 언어를 혼잡하게 하심과 흩으심 등의 다양한 모습으로 나타납니다.

그러나 그 후에 하나님은, 심판의 말씀과 행위에 뒤따르는 주권적인 은혜의 행위로서, 아브라함 안에서 아브라함을 통해 인류와 피조세계를 향해 복을 주시려는 본래 목적을 이룰 새로운 길이 열렸다고 선언하십니다. 이 이야기 안에서 이미 우리는 이 일이 하나님 자신에게 대단히 큰 대가를 치러야만 할 일임을 인식할 수 있습니다. 동산에서 협력자 아담과 하와를 찾으시는 하나님의 외로움, 홍수 전에 느끼셨던 하나님의 슬픔, 바벨을 보면서 느끼셨던 고개를 설레설레 흔들게 하는 좌절감을, 아니 하나님은 여러분이 이 모든 것 그리고 그보다 더 심한 것도 경험하게 될 것을 아십니다. 이야기가 펼쳐짐에 따라서 수많은 자비의 행위뿐 아니라 수많은 심판의 행위들이 따를 것입니다. 이야기는 이렇게 펼쳐질 것입니다. 전체 그림은 주권적인 창조주 하나님을 보여 줍니다. 그 하나님은 축복이 저주를 대치하고, 귀향이 추방을 대치하고, 홍수 후에 감람나무 가지가 나타나고, 한 가족이 탄생하여 갈라진 언어들이 다시 하나로 결합될 때까지 자신의 세상 안에서 쉬지 않고 일하시는 하나님이십니다. 바로 이것이 구약 정경의 외적인 틀을 형성하는 이야기입니다.

해결책이 되는 백성, 문제를 일으키는 백성

이 부분 이후로 전개되는 구약 성경의 몸통 부분에서는 하나님의 해결책을 진전시켜 나가야 할 아브라함 가족의 구성원들이 스스로 문제의 일부가 되는 심히 양면적인(ambiguous) 이야기가 전개됩니다.

창세기의 화자(narrator)는 아브라함이 석고상 같은 성인의 모습과는 거리가 멀다는 점에 대해 의심의 여지를 남겨 두지 않습니다. 그는 자신을 보호하려고 사라가 자기 아내가 아니라 여동생이라고 거짓말을 하면서, 두 번씩이나 약속들을 거의 내팽개치듯 저버리기 때문입니다. 또한 그와 사라는 하나님의 방법이 아니라 자신들의 방식으로 자녀와 상속의 문제를 처리하려고 합니다. 어머니 하갈과 함께 광야로 쫓겨나는 이스마엘의 비극은 바로 그에 따른 결과입니다. 이것은 바로 아브라함과 사라가 그들의 아들 이삭을 거의 제물로 드리게 되는 악몽과 같은 이야기로 이어집니다. 이 이야기가 매우 복잡하기는 하지만, 저는 이 부분이 아브라함과 사라가 하갈과 이스마엘에게 행한 일과 밀접한 관련이 있다고 확신합니다. 약속은 계속 진전되어 나갈 것입니다. 그러나 아브라함과 이후의 약속 소유자들은 그 약속의 지속을 위해 커다란 대가가 필요함을 알게 될 것입니다.

이야기가 아브라함으로부터 바빌론 포로기와 그 이후 시대에 이르기까지 진행되는 가운데, 이 주제는 복합적인 양면성을 지닌 채로 계속 발전해 갑니다. 야곱은 아버지 이삭에게 유산을 물려받으려고 속임수를 쓰고 거짓말을 합니다. 그리고 그 후에는 자신도 장인 라반에게 완전히 사기를 당합니다. 그는 하나님과 씨름을 벌인 후에 절뚝거리며 약속의 땅으로 돌아옵니다. 하나님은 약속을 지키시지만, 동시에 그분의 백성은 자신들의 자격 없음과 은혜의 놀라운 본질을 상기하게 됩니다. 야곱의 아들들은 동생 요셉을 노예로 팔아 넘깁니다. 그러나 요셉은 팔려간 곳에서 이전에 몰랐던 겸손과 하나님의 기이한 섭리를 배우게 된 것 같습니다. 그 섭리는 '악에 대하여 하나님이 무엇을 하시는가?'라는 질문에 대해 성경이 제시하는 중요한 한 가지 대답입니다. 요셉의 형제들이 아버지 야곱이 죽은 후 두려움에 떨면서 그를 만나러 왔을 때, 요셉은 "당신들은 나를 해하려 하였으나 하나님은 그것을 선으로 바꾸셨다"(창 50:20)라고 말합니다. 창조주 하나님은 이상하게도 무슨 이유 때문인지 그리고 때로는 우리의 마음에 거슬리게도, 자신의 세계로부터 간단히 악을 제거해 버리지 않으십니다. 왜 그렇게 하실까요? 이것은 물론 우리의 논의를 둘러싼 중요한 질문입니다. 하지만 우리는 대답을 듣지 못합니다. 그 대신에 우리는 불확실하지 않은 말로, 하나님이 악을 견제하실 것이며, 억제하실 것이고, 최악의 상황이 벌어지지 않도록 막으실 것이고, 때로는 심지어 인간의 악의조차도 하나님의 기이한 목적을 이루시는 데 사용하실 것이라는 말을 듣게 됩니다.

유대교를 통틀어 가장 깊은 형성적(formative) 영향력을 끼치는 이야기는 출애굽 이야기, 즉 이스라엘이 이집트의 노예상태에서 풀려나는 이야기입니다. 이것은 '하나님이 악에 대해 무엇을 행하시는가?'라는 질문에 대하여 성경이 제시하는 한 가지 중요한 대답입니다. 야곱의 후손들은 이집트에서 번성하였지만, 이집트 사람들의 노예가 되었습니다. 이집트인들은 그들에게 가혹한 노역을 부과하고 그들을 학대하였습니다. 하나님은 자신의 백성이 부르짖는 것을 들으셨고, 그들을 구원하고자 내려오셨습니다. 그러나 하나님은 단번에 번개 한 방으로 그들을 구원하신 것이 아니라, 지금까지 특징적인 패턴으로 등장하는 그 방법, 즉 한 개인을 부르시고 또 다른 개인을 불러서 첫 번째 사람과 함께 일하게 하시는 방식으로 그들을 구원하셨습니다. 이렇게 부름을 받은 사람들은 그 이야기 자체에 분명히 드러나듯이, 보통은 흠이 있고 때로는 일을 망쳐 놓기도 하는 사람들입니다. 그들은 꾸지람을 듣기도 하고 심지어 벌을 받기도 합니다. 그러나 그들은 하나님의 약속과 구원을 주는 신선한 자유의 말씀을 받아 전달하며, 그 말씀을 구체적으로 실행하는 사람들입니다. 주된 심판은 이집트 위에 떨어지며, 여러 가지 재앙의 모습으로 나타납니다. 그 결과 파라오는 마침내 이스라엘을 내보내고, 이스라엘은 홍해를 건너 광야 생활로 들어가게 됩니다. 그 이후로 오늘날까지 '하나님이 악에 대해 무엇을 행하시는가?'라는 질문에 대한 유대인들의 주된 대답 중 하나는, 하나님이 이스라엘을 억압하는 사악한 이방인들을 심판하시며 당신의 백성을 그들의 압제로부터 구출하신다는 것이 되었습니다. 그 대답은 구약 성경 전체에 울려 퍼지고 있으며, 특히 고난받는 의인이 하나님께 자신의 대의(大義)와 인격과 생명을 악인(하나님을 모르는 압제자)으로부터 보호해 달라고 호소하는 몇몇 시편에서 잘 드러납니다. 그런 사상은 '솔로몬의 지혜'(또는 '지혜서'라고 부름. 구약 외경 중 하나로 주전 50년에서 주후 38년 사이에 저술됨—역주)와 같은 유대교 문서들을 통해서 신약 성경 시대로 들어오게 됩니다.

구약 성경은 이것이 이야기의 한쪽 측면일 뿐임을(여러분이 파라오만 아니라면, 이 측면은 위안이 되는 측면입니다) 분명히 밝혀 줍니다. 다른 쪽 측면은 구출 받은 이스라엘이 아직도 불평불만이 가득하고 반항적인 백성이라는 점입니다. 우리가 순진한 마음으로 출애굽기를 읽는다면 아마도 감사하고 복종하고 신뢰하는 모습의 이스라엘을 상상할 것입니다. 이스라엘은 타락한 인류가 처한 곤경에 대하여 대답이 되어야 했지만, 광야에서 40년을 지내면서 이집트로 돌아가고 싶어 하거나 약속의 땅에 거인들이 살고 있다는 이유로 들어가기를 두려워하는 등 일반적으로 말해 타락한 인간성의 표지들을 모두 드러냅니다. 시내 산에서 그들에게 주어진 소명은 그들이 모든 민족 중에서 하나님의 왕 같은 제사장, 거룩한 나라, 특별한 백성, 보배로운 소유가 되는 것이었습니다(출 19:5-6). 그러므로 앞에서 말한 것 이하의 모습은 상상하기 어려웠을 것입니다.

그러나 최악의 상황이 벌어지고 맙니다. 하나님을 예배하는 장소로 건축되어야 했던 회막에 대한 긴 묘사가 나오고, 회막에서 섬길 제사장으로서 아론과 그의 아들들을 구별하기 위한 구체적 지침들이 나온 후에, 산에서 내려오던 모세는 아론이 금송아지를 만들어 사람들에게 그것을 경배하라고 부추기는 장면을 목격하게 된 것입니다. 이천 년 후 랍비들은 그 순간을 슬픔으로 돌아보며, 이스라엘의 이야기 속에서 그 순간이 마치 아담과 하와가 에덴동산에서 죄를 범한 것과 같은 순간이었다고 말하게 될 것입니다. 이스라엘은 하나님의 약속을 맡은 백성이며 열국을 향한 빛이 되라고 부름을 받았지만, 이스라엘 자신이 어둠 속에 머무르고 있음이 모든 표지들을 통해 드러났습니다.

그 때 하나님이 악에 대해 행하신 일은 다시 한 번 심판하시는 것이었습니다. 그 심판이 매우 극렬했기 때문에, 마치 노아의 때처럼, 하나님은 모세와 함께 모든 것을 처음부터 다시 시작하셔야만 할 것 같았습니다. 그러나 하나님은 아브라함에게 약속을 주셨고 전체 피조세계에 대한 당신의 목적에 신실하셨으므로, 아브라함 가족을 향한 당신의 목적에도 신실하셨습니다. 모세 또한 이런 내용을 강력하게 하나님께 상기시켰고(이것은 성경에 나오는 가장 위대한 기도들 중 하나입니다. 출 32:11-14; 33:12-16), 하나님은 비록 이스라엘 자손들이 당신을 향해 신실하지 못했음에도 불구하고 그들을 향한 신실함을 지키셨습니다.

아마도 가나안 정복 이야기보다 이스라엘이 보여 주는 양면성을 더 날카롭게(오늘날까지 계속 반향을 일으키며) 드러내는 부분은 없을 것입니다. 아브라함의 이야기와 마찬가지로 가나안 정복 이야기에서도, 이스라엘이 대부분의 땅을 정복하는 데 성공했을 때조차 그들의 실패와 어리석음은 감추어지지 않습니다. 창세기 저자는 창세기 15장에서 이 순간을 위해, 적어도 가나안 정복과 관련되어 제기될 수 있는 일부 도덕적인 문제에 대해, 우리를 미리 준비시켰습니다. 하나님은 아브라함에게 그의 후손들이 4대 후에 약속의 땅으로 돌아오게 될 것이라고 말씀하셨습니다. 그 이유는 "아모리 족속의 죄악이 아직 가득 차지 않았기"(창 15:16) 때문입니다. 이 사실은 하나님이 세상의 악을 다루시는 데 아브라함의 가족을 어떻게 사용하시는가 하는 커다란 이야기와 나란히 (또는 그 이야기의 배후에), 부차적으로 진행되는 플롯들(plots)이 있음을 말해 줍니다. 하나님은 세상의 여러 나라를 살펴보고 계시는데, 그것은 그들이 악한 짓을 하면 즉시 벌을 주시려는 것이 아니라, 그들이 악해지더라도 어떤 한계를 넘지 못하게 하시려는 것입니다. 하나님이 아모리 족속의 악함을 아셨지만 아브라함의 시대에는 그 악함이 그렇게 심각하지는 않았습니다. 그러나 그들이 점점 더 악해질 것은 자명했습니다. 머지않아 정해진 때가 되면, 그 땅을 점령하고 있는 비 유대 민족들의 심판을 위하여 때가 무르익게 될 것입니다. 그리고 그 때 하나님은 자신의 백성을 사용하실 것이며, 하나님의 백성이 그 땅에 들어오는 것이 그들을 심판하시는 수단이 될 것입니다. 이것은 이사야 10:5-19에 나오는 하나님의 도덕적 섭리를 보여 주는 매우 주목할 만한 그림과도 상통합니다. 그 곳에서 하나님은 반역하는 이스라엘을 벌주고자 교만한 이방 아시리아를 사용하십니다. 그리고 그 일이 끝난 후에 이번에는 바로 그 이방 아시리아의 교만을 처벌하십니다. 이것이 아마도 시편 저자가 "하나님은 사람의 노여움을 주를 찬송하는 일로 바꾸신다"(시 76:10)라고 한 말의 의미일 것입니다.

    그러나 이 모든 것은 이스라엘에게 끔찍한 책임이고, 이스라엘은 그 책임을 제대로 감당하지 못할 것입니다. 그러므로 사사기에는 희비극적인 이야기들이 이어집니다. 여호수아의 지도로 약속의 땅을 정복한 후 이스라엘 사람들은 반복적으로 실패했고, 하나님은 그들이 곤경에 처할 때마다 구해 주셔야만 했습니다. 하나님이 보내신 구원자들도 그 특징들을 살펴볼 때, 결코 덕(virtue)을 떠받치는 기둥이 될 수 없었습니다. 결함 많은 영웅 삼손을 생각해 보십시오. 우리는 역사적으로 유리한 지점에 서서 과거를 돌아봅니다. 또 계몽주의 이후의 사고는 스스로 도덕적으로 우월하다는 전제를 가지고 과거를 돌아보았습니다. 그리고 이스라엘의 가나안 정복과 정착 전체 과정에 대해 고개를 설레설레 흔들며 유감스럽게 생각했습니다. 우리가 인종청소라고 부르는 바로 그것입니다. 이스라엘이 이집트에서 아무리 심한 고난을 겪었더라도, 그것이 그들이 가나안 사람들에게 행한 일을 정당화한다는 것을 우리는 믿을 수 없습니다. 또한 이 작전에 개입한 하나님이 우리가 예수 그리스도 안에서 아는 하나님과 같은 분이라는 것도 사실 믿기 어렵습니다.

그러나 에덴동산 이후로 또 노아 시대에 하나님이 슬퍼하셨던 이후로, 바벨과 아브라함 이후로 줄곧 전개된 이야기가 말해 주는 것은, 하나님은 세상을 지저분한 곳에서 끌어내시기 위해 어쩔 수 없이 반복해서 지저분한 방법으로 일하셔야만 했다는 점입니다. 무슨 이유 때문인지 하나님은, 세상을 올바른 모습으로 되돌려놓기 위해 우리에게 불쾌감을 주는 어떤 방식으로 신에 진흙을 묻히고 손에 피를 묻히셔야만 했던 것 같습니다. (다른 많은 사람처럼) 이 점을 인정하지 않는다면, 우리는 얼마나 마르고 깨끗한 땅에 서 있기에 마치 높은 데서 내려다보듯이 그렇게 확실히 단언할 수 있는가 라는 항의에 부딪히게 될 것입니다. 디트리히 본회퍼는 인간의 근원적인 죄는 하나님을 아는 지식보다 선악을 아는 지식을 앞에 두는 것이라고 말한 바 있습니다. 그것은 창세기 3장이 제기하는 더 깊은 신비들 중 하나일 것입니다. 선악을 아는 것과 하나님을 아는 것 사이에는 어떤 본질적인 연속성이 있어야만 합니다. 그렇지 않으면 우리는 도덕적으로 어둠 속에 있을 수밖에 없기 때문입니다. 그러나 그 신비는 하나님이 하셔야 할 일과 하시지 말아야 할 일에 대해 지나친 확신으로 단언하지 말라고 경고합니다.

정복 이야기는 언약 백성인 이스라엘이 가나안 땅에 들어가 전쟁을 벌이고 하나님께 반역하면서도 결국 그 땅에 정착하게 되는 이야기입니다. 그 때부터 이스라엘은 인간 피조물들을 구원하시고 창조 사역을 완성하시겠다는 창조주의 목적을 가리키는 부러져 덜렁거리는 푯말이 되고 있습니다.

사사들의 시대는 같은 이름의 책이 내쉬는 안도의 한숨과 함께 왕국 시대에 자리를 양보합니다. 그러나 지금쯤 되면 예상할 수 있듯이 이 시대는 왕국의 설립 자체부터 결함을 안고 시작합니다. 예언자 사무엘은 사람들이 잘못된 이유로 왕을 요구했고, 자신이 그들을 위해 세운 첫 번째 왕 사울이 잘못된 길로 갔다는 것을 알고 있었습니다. 그 다음 왕인 다윗은 하나님의 마음에 합한 사람이었지만, 남의 아내들에 대한 관심이 지나쳤습니다. 그리고 그 결과로 굴욕적인 추방을 겪고, 또 그와 거의 같은 수준의 모멸적이고 값비싼 회복 과정을 경험합니다. 이런 경험들은 500년 후 그 백성 전체가 경험할 일을 예기하는 유형이 됩니다. 한편으로 다윗과 그의 왕조는, 특히 시편에서, 악의 문제에 대한 하나님의 대답이었다는 것이 아주 분명합니다. 그들은 세상에 심판과 정의를 가져올 것이었습니다. 또한 그들의 통치는 바다에서부터 바다까지 그리고 강에서 땅끝까지 미칠 것이었습니다[시 72:8, 강(the River)은 유프라테스 강을 말함—역주]. 그러나 시편의 저자들은 모두 그렇게 말하는 것의 당혹스러움과 양면적 성격을 아주 잘 알고 있었습니다. 가장 훌륭한 제왕시(royal psalm)인 시편 89편은 다윗과 같은 왕을 통하여 하나님이 행하실 경이로운 일들을 경축하는 37개의 절과, 왜 모든 것이 잘못되어 버렸는지 슬프게 묻는 14개의 절을 나란히 배치합니다. 그런 다음 그 시편은 여호와를 영원히 찬양하라고 외치는 한 절로 끝납니다. 이것이 바로 구약 성경이 제시하는 전형적인 그림입니다. 여기에 약속들이 있습니다. 그리고 문제가 있습니다. 그리고 하나님은 그 역설을 넘어서는 주권자로서 다스리십니다. 이 시편을 어떤 식으로든 쪼개어 보십시오. 여러분은 성경 전체가 드러내고자 하는 분위기를 포착할 수 없을 것입니다. 악의 문제에 대한 하나님의 해결책이었던 다윗 왕국의 설립을 통해 이스라엘은 마침내 이방의 빛이 되어야 했고 세상에 정의를 가져오는 사자가 되어야 했습니다. 그러나 그 계획은 이미 어리둥절함과 실패의 감정만을 남기고 끝나 버린 듯합니다. 그 계획은 가야 할 방향으로 제대로 진행되지 않았고, 결국 남은 것은 한쪽 손으로 장엄한 약속들을 붙잡고 또 다른 쪽 손으로는 여전히 지저분한 실상을 거머쥔 채로 어쨌든 여호와를 찬양하는 것입니다.

시편은 다른 많은 묵상의 주제들을 담고 있지만, 악과 하나님이 악에 대해 행하시는 일에 대한 묵상을 풍부하게 보존하고 있는 보고(寶庫)이기도 합니다. 시편 전체는 유대인들의 믿음의 한쪽 측면에 대한 전형적인 진술로 시작됩니다. "여호와의 길을 걷는 사람들은 복되며 악인들은 바람에 날리는 겨와 같을 것이다." 이 전통적인 지혜는 다른 시편들뿐 아니라 잠언에서도 자주 반복됩니다. 시편의 한 저자는 "자신이 어린 시절부터 노인이 된 지금까지 결코 의인이 버림을 당하거나, 그들의 자손이 걸식하는 것을 보지 못했다"라고 과감하게 선언하기도 합니다(37:25). 그러나 그런 일들이 언제나 그렇게 명백한 것은 아님을 확인하기 위해 굳이 욥기까지 들여다볼 필요는 없습니다. 곧바로 다른 몇몇 시편은 (거의 분노하면서) 의인이 불의로 고통을 당하지만 하나님이 그 일에 대해 아무것도 행하시지 않는 것 같다고 불평하기 때문입니다. 시편 73편은 이 문제에 관한 아주 훌륭한 진술들 중 하나일 것입니다. 이 시편은 그 문제와 씨름하다가 결국 장기적인 해결책을 가리키고 있습니다. 하나님은 최후에 행동하실 것이며, 그것은 죽음까지도 넘어선 시점이 될 수도 있다는 것입니다. 그러나 결국 악인들을 심판하시고 의인들이 옳았음을 입증하실 것이라고 말합니다. 시편 94편도 같은 방향으로 나아갑니다. 의인들이 겪는 현재의 고난은 거룩한 징계로 간주해야 하며, 결국 구출과 구원으로 이어질 것입니다. 반면 악인들은 그들이 받아야 할 고난을 나중, 곧 궁극적인 징벌의 때를 위해 쌓아둡니다. 몇몇 시편은 '주님, 언제까지입니까?'라고 질문을 던집니다. 그러나 양면성을 함께 포함하지 않는 대답을 받은 적은 없습니다. 그리고 '시온 성과 같은 교회'(시 87:3에서 이 찬송가의 가사가 나왔다—역주)라는 찬송가 가사로 잘 알려진 아름다운 작은 시편과 제가 조금 전에 언급했던 위대한 제왕시 사이에는 시편 88편이 있는데, 이 시편은 성경 전체를 통틀어 가장 어둡고 절망적인 기도를 담고 있습니다.

내가 어릴 적부터 고난을 당하여 죽게 되었사오며

주께서 두렵게 하실 때에 당황하였나이다

주의 진노가 내게 넘치고

주의 두려움이 나를 끊었나이다

이런 일이 물 같이 종일 나를 에우며

함께 나를 둘러쌌나이다

주께서 내 사랑하는 자와 친구를 멀리 떠나게 하시니

흑암만이 나의 유일한 친구가 되었나이다.[4]

이 시에 나타나는 유일한 희망의 근거는, 그것이 근거가 될 수 있다면, 2인칭 단수 대명사입니다. 시편 저자는 자신에게 벌어지는 기이하고도 두려운 일들이 바로 여호와 자신이 행하시는 일이라고 주장합니다. 그는 그것을 이해할 수 없으며, 그 일은 일어나지 말아야 할 일이라고 알고 있습니다. 그러나 그는, 남이 보기에는 거의 신성모독에 가까울 만큼, 여호와가 아직도 주권자로서 통치하고 계시다는 믿음을 고집합니다.

이 일은 물론 포로기의 예언자들에게 일어났던 일이기도 합니다. 시편 88편은 아마도 예레미야 애가에 상응하는 공동체적인 고백문으로 읽혔을 것입니다. 비록 이방 나라들은 자신들이 이스라엘뿐 아니라 이스라엘의 하나님에 대해서도 승리했다고 생각하며 그 승리를 축하하고 있었겠지만, 그 시대의 예언자들은 바로 여호와 자신이 이스라엘에 대해 그 일을 행하셨다고 주장했습니다. 그 일은 여호와가 오래 전에 반역한 아담과 하와를 약속의 땅 에덴동산에서 쫓아내셨을 때 행하셨던 일입니다. 포로됨과 회복의 이야기는 성경에서 매우 중요한 위치를 차지하며, '여호와는 악에 대해 무엇을 하시는가?'라는 질문에 대한 거대하고도 신비한 대답이 됩니다. 하나님의 정의에 대한 질문이 성경의 다른 곳에서는 암시적으로만 제기되었지만, 이 곳에서는 정면으로 맞닥뜨려집니다.

이제 우리는 이 장의 마지막 세 번째 단락에서 다루게 될 세 가지 책에 도달했습니다. 이 책들은 우리에게 산을 더 높이 올라오라고 권합니다. 비록 안개 속으로 들어가는 길이지만, 신선한 지혜의 말씀을 들으려면 그 길로 나아가야만 합니다.

나의 종 이스라엘, 나의 종 욥

하나님이 사탄에게 물으셨습니다. "내 종 욥을 주의하여 보았느냐?"(욥 1:8 – 역주). 사탄이 주의하며 보았을 수도 있고 그렇지 않았을 수도 있겠지만, 욥기의 수수께끼는 왜 하나님이 처음부터 그런 질문을 사탄에게 던지시는가 하는 점입니다. 그러나 욥기를 들여다보기 전에, 저는 먼저 구약 성경에 나오는 다른 위대한 여호와의 종(물론 욥과는 상당히 다른)을 먼저 살펴보고, 또 유사한 패턴이 나타나는 다른 책 하나를 살펴보고 싶습니다. 그 책은 구약 성경 중에서도 표면적으로 하나님의 정의 또는 의라는 주제와 가장 많은 관련이 있는 책입니다. 이 책은 때로 제2이사야서라고도 불리는데, 예언자 이사야의 이름으로 불리는 더 큰 책의 40-55장입니다(또는 40-66장을 그렇게 부르기도 합니다).

일반적으로 포로기에 쓰였다고 여겨지는(저의 논의가 이 전제에 의존하지는 않습니다) 이사야 40-55장은, 비록 이스라엘이 정죄를 받아 포로로 잡혀왔다고 하더라도, '과연 여호와가 의로우실 수 있는가'라는 질문과 씨름하고 있습니다. 이것은 '하나님이 정말 도덕적으로 전체 세계를 통치하시는가'라는 문제의 초점을 더 작고 세부적인 수준에서 다루는 것임이 금방 드러납니다. 제가 조금 전에 말한 것처럼, 바빌론에 포로로 잡혀간 이스라엘은 에덴동산에서 추방당한 아담과 하와와도 같습니다. 그러나 하나님은 당신의 형상을 지닌 청지기로서 인류를 창조하셨고, 하나님의 대리자가 되어 지혜롭게 피조물을 다스리도록 그들을 지으셨습니다. 그리고 그 언약은 잊혀지지 않았습니다. 그것이 바로 악의 문제가 성경에 소개되는 모습입니다. 즉, 하나님의 뜻 아래서 인간에게 주어진 과업에 대한 오래된 기억이, 현재 인간이 반역했고 땅이 가시와 엉겅퀴를 내고 있다는 사실과 긴장 가운데 있는 것입니다.

마찬가지로, 이스라엘은 순종하는 삶으로 돌아오라는 여호와의 부름에 계속 귀기울이지 않고 우상 숭배와 부도덕함이라는 커다란 악행을 저질렀으므로 포로 신세가 되었습니다. 그러나 하나님은 이스라엘을 당신의 백성으로 부르셨고, 그들을 통해 세상과 인류와 피조세계 전체를 구원하기로 계획하셨습니다. 그리고 그 계획은 망각되지 않았습니다. 성경 전반에 걸쳐 드러나는 악의 문제는 포로기 이스라엘의 문제 안에서 좀더 뚜렷하게 초점이 맞추어져 드러납니다. 이사야 40-55장은 여호와가 아직도 주권적인 창조주이시고, 아직도 이스라엘과 언약관계 안에 계시며, 그리고 무엇보다도, 의로우시다고(*tzaddik*) 선포합니다. 언약과 피조세계에 대한 여호와의 이러한 의로움과 신실함 때문에, 이스라엘은 구원을 받을 것이고 온 피조세계는 회복될 것입니다. 제2이사야서의 장엄한 절정인 이사야 55장은 가시나무 대신에 잣나무가 나고 찔레 대신에 화석류가 날 것이라고 영광스럽게 선언합니다. 이스라엘이 구속함을 얻고 언약이 다시 세워질 때, 창세기 3장의 저주는 후일에 더해진 이스라엘에 대한 저주들과(예를 들어, 이사야 5장에 나오는 것과 같은) 함께 제거될 것입니다.

예언자 이사야는 우리가 불의한 세계 속에서 하나님의 정의를 이해하고 싶다면 이 부분을 보아야만 한다고 말합니다. 하나님의 정의는 단순히 착한 일을 한 사람들에게 상을 주고 악한 일을 한 사람들에게 벌을 주는 것이 아닙니다. 비록 수많은 사람이 중간 어느 곳에 있겠지만. 하나님의 정의는 구원하고, 치유하고, 회복하는 정의입니다. 왜냐하면 정의를 결정하시는 하나님은 창조주 하나님이시고, 아직도 창조의 본래 계획을 완성해 나가고 계시기 때문입니다. 하나님의 정의는 단순히 정상 상태를 벗어난 세상으로 하여금 균형을 회복하도록 만드는 것이 아니라, 하나님이 애초에 만드셨던 생명과 가능성이 넘치는 피조세계를 영광스러운 완성과 결실로 이끌어가는 것입니다. 그리고 이 과업을 당신의 형상을 지닌 인간 피조물들을 통해, 더 구체적으로는 아브라함 가족을 통해 완성하시겠다는 하나님의 결심은 아무도 흔들어 놓을 수 없습니다.

그러나 하나님은 어떻게 이 일을 하실까요? 이사야 40-55장 속에는 면밀하게 짜 넣어진 한 종의 이미지가 나타납니다. 그는 여호와의 종이며, 그를 통해 여호와의 목적인 정의와 구원이 실현될 것입니다. 42장에서 그 종은 왕의 모습으로 우리 앞에 등장합니다. 분명히 그는 9장과 11장에 나오는 왕 같은 인물이나 그와 유사한 61장의 인물과 관련이 있지만, 많은 면에서 왕과는 사뭇 다릅니다. 그는 분명히 이스라엘입니다. 또는 우리는 그를 인격화 된 이스라엘이라고 말해야 할 것입니다. 그는 이스라엘의 소명을 짊어지고 있으며, 이제 이스라엘의 운명에도 동참하여 추방되고 깨어지고 죽임을 당합니다. 그러나 또한 그는 이스라엘을 향하여 마주 보고 서 있습니다. 그래서 이스라엘은 두려움을 느끼며 그의 운명을 바라봅니다. 이스라엘의 남은 자들(the remnants)조차도 '그 종의 음성을 듣는 자들'이라고 일컬어집니다. 여하튼 이사야는 세상의 불의와 유일하신 창조주 하나님의 정의가 관련된 광범위한 악의 문제를 다시 정의하였고, 우리는 이제 그 문제를 설명이 필요한 철학자의 수수께끼가 아니라 주권자이신 창조주 하나님의 새로운 행동을 필요로 하는 전체 피조세계의 비극으로 바라보게 됩니다. 그리고 이 비극은 또한 주권자이신 언약의 하나님의 새로운 행동을 필요로 하는 이스라엘의 비극으로 초점이 맞춰집니다.

놀랍게도 그리고 (우리가 보는 것이 정말 무엇인지 안다면) 두렵게도, 우리는 이사야 53장에서 이 하나님의 새로운 행동이 뚜렷하게 집중되는 자리가 바로 그 종의 고난과 죽음임을 발견합니다. 그 종은 포로로 잡혀 있는—창세기 3장의 저주와 그 이후의 사건들을 통해 우리는 그 포로됨이 죽음 자체와 긴밀한 관계가 있음을 압니다—이스라엘의 운명에 동참하며, 많은 사람의 죄를 질 것입니다. 그는 주권자 하나님의 언약적 신실함과 회복시키는 정의를 몸으로 드러냅니다. 그리고 그가 채찍에 맞음으로써 '우리'(여기서 '우리'는 아마도 그를 놀라움과 두려움으로 바라보는 남은 자들일 것입니다)가 나음을 입을 것입니다.

그러므로 구약 성경이 보여 주는 불의한 세계 안에 나타난 하나님의 정의에 관한 그림의 중심에는 신실하지 못한 이스라엘을 향한 하나님의 신실함이라는 그림이 있습니다. 그리고 그 그림의 중심은 여호와의 종입니다. 이 종은 이스라엘을 향하여 마주 보고 선한 사람입니다. 그가 이스라엘의 운명을 짊어짐으로써 이스라엘이 포로됨에서 풀려날 것이고, 인류는 마침내 이사야 55장이 예언하는 새 창조 곧 가시와 엉겅퀴 대신 잣나무와 화석류가 자라고 먼지와 죽음 대신 신선한 물과 새 생명이 공급되는 세계를 향하여 나아가게 됩니다. 구약 성경의 가장 위대한 예언자는 더 자세한 설명 없이 이 일을 성취하실 유일하고 참된 하나님의 새로운 행동을 가리킵니다. 그 종은 이스라엘이기도 하고 또 하나님이 이스라엘을 향해 보내신 새로운 사자이기도 합니다. 그는 또한 왕이기도 하고 어떤 왕도 할 수 없던 일을 하는 사람이기도 합니다. 구약 성경에서 이 사자의 정체는 하나의 수수께끼로 남습니다. 이것은 악의 수수께끼가 지닌 긍정적인 측면입니다.

이와 유사한 수수께끼가 제가 다루려고 하는 세 책 중 두 번째 책인 다니엘서에서 발견됩니다. 이 책은 이사야 40-55장과 씨름하며 그 내용을 이후의 상황들에 적용하려고 시도했던 책들 중 하나입니다. 다니엘서는 전적으로 악의 문제를 다룹니다. 이방 제국들이 어떻게 최악의 상황을 만들고, 유일하고 참된 하나님은 어떻게 그들을 심판하시며 자신의 참된 백성의 옳음을 입증하시는지가 이 책의 주제입니다. 이 책의 여러 부분에 나타나지만, 특히 11장과 12장에서는 종의 모습을 가진 인물이 이스라엘 내의 의인들과 동일시되는 것 같습니다. 그들은 포로로 잡혀 고난을 받는 중에도 여호와에 대한 충성을 지키는 자들이며, 이방 제국의 손에 죽임당한 순교자들입니다. 이들은(우리가 1장에서 잠깐 살펴본 다니엘의 중심 이미지에 따르면) 바다에서 올라오는 짐승들의 공격을 받습니다. 세상 왕국들은 하나님의 나라에 대해 분노합니다. 악의 문제는 점점 사나워져서 철학자들의 토론장에서 뛰쳐나와 으르렁거리며 실제 세계의 무대로 올라옵니다. 그리고 악은 에덴동산을 사막으로 바꾸어 놓고, 인간의 삶을 먼지와 재로 바꾸어 놓습니다. 제가 지난 장에서 주장한 것처럼, 우리 시대가 악의 실재를 제대로 다루지 못하고 미성숙하고 부적절하게 반응했던 한 가지 이유는, 악을 세속주의가 오랫동안 무시해 왔던 철학자들의 수수께끼나 모더니티에 의해 마침내 해결된 시대에 뒤떨어진 난제(difficulty)로 취급했기 때문입니다. 한편의 다니엘서 연구자들과 또 다른 편의 실제 세계의 연구자들은 더 잘 인식해야만 합니다. 악은 살아 있는 강력한 실재입니다. 특히 막강한 제국들이 자신의 힘을 자랑하며 자신이 원하는 것이라면 비록 그것이 에덴동산을 사막으로 사막을 공동묘지로 바꾸어 놓는 것이라 할지라도 다 실행할 수 있다고 상상하는 곳에서 악은 활개를 칩니다.

다니엘서의 한가운데에는 '인자와 같은 이'가 등장하는데, 그는 어떤 의미에서 이사야서에 나오는 종의 모습에 대응되며 하나님의 구원하는 정의를 수용하고 구현하는 일에서 그와 유사한 역할을 성취합니다(7:13). 이 표현의 본래 의미와 이후의 이해들에 관해서는 많은 논란이 있습니다. 다른 곳에서 저는 이 문제에 관하여 상당한 분량의 글을 썼습니다. 그러나 다니엘 7장의 드라마는 단순히 언어적 수준의 논쟁으로 쪼그라들어서는 안 됩니다. 우리가 보았듯이, 바다에서 올라오는 괴물들은 그 사람 모습의 인물과 전쟁을 벌입니다. 그러나 하나님은 그 인물을 짐승들 위에 높이 세우십니다.

어떤 측면에서 이것은 에덴동산에서 아담이 동물들 위에 권위를 가지도록 세워진 것과 아주 비슷합니다. 그것은 물론 그 이야기가 말하려는 중요한 요점의 하나이며, 정상적인 질서로 되돌려진 회복된 피조세계의 이미지를 나타냅니다. 그러나 악과 고장난 피조세계가 오랜 역사를 거치는 동안 그 동물들은 위협적인 존재가 되었습니다. 그리고 그들 위에 새롭게 제정된 인간 통치는 응징하는 심판의 모습으로 나타납니다. 다니엘 7장은 기본적으로 법정 장면입니다. 하나님이 자리에 앉아 계시며, 심판이 내려져 사람 모습의 인물(the Human One)은 높임을 받고, 짐승들은 징벌을 받습니다. 이것은 하나님의 정의가 불의한 세상 위에 임할 때 드러날 모습입니다. 하나님의 피조세계의 회복은 하나님이 악의 세력들을 합당하게 궤멸하시고 자신의 신실한 백성의 옳음을 입증하시는 것을 통하여 이루어져야만 하기 때문입니다. 다니엘서의 마지막 부분에서 우리에게 주어지는 질문은 바로 이것입니다. "그러나 누가 하나님의 신실한 백성인가?" "이 모든 일이 어떤 식으로 이루어질 것인가?" "이 인자는 누구인가?"

마지막 세 번째로 살펴볼 책은(어쩔 수 없이 아주 간략하게만 살펴보겠지만) 물론 고상하면서도 마음에 깊은 혼란을 주는 책인 욥기입니다. 이 시점에서 많은 것을 언급할 수 있고, 또 아마도 언급해야만 하겠지만, 그중에서도 저는 다음 여섯 가지를 선택하였습니다.

첫째로, 욥기는 몇몇 시편과 마찬가지로, 세상에 만연한 악에 비추어서 하나님의 도덕적 섭리에 관한 질문을 제기하고 있습니다. 이 경우에는 악이 욥 자신에게 직접 닥쳐옵니다. 욥기에서 하나님의 정의의 문제는 포로기 문학과 병행을 이루는 방식으로 제기됩니다. 그리고 그에 대한 대답은 (그것이 대답이라면) 창조주 하나님의 능력을 신선하게 드러내 보여 주는 것이라 할 수 있습니다. 하나님의 능력은 또한 이사야서와 다니엘서가 제시한 대답들(그것들이 대답으로 제시된 것이라면)에 대한 신학적 근거였습니다.

그러나 둘째로, 욥기의 전체적인 요점은 이스라엘은 뚜렷이 죄를 범하였지만―이사야, 예레미야, 에스겔, 다니엘과 같은 예언자들은 이구동성으로 그렇게 주장합니다―욥은 무죄했다는 점입니다. 포로됨에 대한 일반적인 분석은 이스라엘이 전적으로 그런 벌을 받을 만하다는 것이었습니다. 반면 욥기의 전체적 요점은 욥은 그렇지 않았다는 것입니다. 욥의 친구들은 의심할 여지 없이 신명기나 시편 1편 등의 단순한 읽기에 의존하여, 착한 사람에게는 좋은 일이 일어나고 악한 사람에게는 나쁜 일이 일어난다고 주장합니다. 그러므로 당신에게 나쁜 일들이 일어났다면, 당신은 뭔가 잘못을 저지른 것이 틀림없습니다. 욥기는 현 세계에서 벌어지는 일들에 대한 포괄적인 분석으로 제시되는 이런 관점에 대해 완강하게 저항합니다. 그런 점에서 욥기는 시편 73편과 비슷합니다. 하지만, 욥기에서는 삐걱거리는 소리가 훨씬 더 크게 들리고, 제시되는 해결책은 시편 73편과 사뭇 다릅니다.

셋째로, 욥기는 전체 이야기의 틀을 구성하는 두 개의 장으로 시작되고 있습니다. 그 내용을 통해 우리는 '사탄'이 욥의 문제의 근원이며, 하나님이 사탄에게 모든 일을 허락(거의 '격려'에 가깝게)

하셨음을 알게 됩니다. 이것은 구약 성경 속에서 '사탄'이 얼굴을 내미는 매우 드문 경우입니다(다른 중요한 경우는, 대상 21:1의 다윗의 인구조사 사건입니다). 그리고 '사탄'이라는 말은 그가 맡은 일을 일컫는 직책명임이 분명합니다. 그는 '고소하는 자'이고 오늘날로 말하면 검찰총장과 같은 직무입니다. 그는 욥이 죄를 짓도록 직접적으로 유혹하지는 않습니다. 부분적으로는 하나님을 저주하도록 욥을 부추기지만, 욥은 그렇게 하기를 거부합니다(욥은 자기가 태어난 날을 포함하여 다른 모든 것을 저주합니다. 하지만 하나님을 향해서는 단지 불평을 할 뿐입니다. 그리고 하나님의 찬양 받으실 거룩한 정의에 무슨 일이 일어났는지 질문합니다). 다른 말로 하면, 우리는 이것이 사실은 욥과 하나님의 대결이 아니라는 독자로서의 특권적인 지식을 가지고 욥의 고통과 그의 질문들을 바라보도록 초대받습니다. 하지만 욥이나 그를 위로하러 온 사람들은 모두 이것이 하나님과 욥의 대결이라고 생각합니다. 이것이 자신의 무죄를 확신하는 욥이 하나님이 큰 실수를 범하고 계시다고 생각하는 이유입니다. 그리고 하나님이 실수하지 않으신다는 것을 확신하는 욥의 친구들이 욥이 어떤 식으로든 죄를 지었을 것이라고 가정하는 이유이기도 합니다. 그러나 그것은 이원론자들이 상상하는 것처럼 하나님과 사탄 사이의 대결도 아니고, 그런 성격이 명백하게 언급되지도 않습니다. 그렇습니다. 그것은 사탄과 욥 사이의 대결입니다. 사탄은 인간들이 하나님이 신경을 쓰실 만한 존재가 아니라는 것을 보여 주려고 힘으로 욥을 제압하려 합니다. 한편, 욥은 자기 입장에서, 하나님이 공의로우셔야만 하며 자신은 전혀 잘못이 없다고 계속 주장합니다.

넷째로, 욥기의 대단원을 이루는 창조 질서의 장엄한 열거는(욥 38-41장) 문제에 대한 대답이기도 하고 아니기도 합니다. 물론 그것은 어떤 의미에서 문제를 다시 진술하고 있습니다. 만일 하나님이 정말로 베헤못과 리워야단을 다스리시고 북풍을 그 창고에서 불러내시는 주권적인 창조주시라면, 우주의 도덕적인 측면을 더 잘 운영하셔야만 합니다. 또한 그것은 단순히 "여기를 봐라. 내가 하나님이다. 나는 힘이 굉장히 세다. 그러니 너희는 잠자코 있어라"라고 말하려는 것도 아닙니다. 또한 나는 베헤못과 리워야단이 악한 피조물들을 의미하며 본문은 이들에 대한 하나님의 주권을 보여 준다고 말하는 최근의 학문적인 제안도 그럴싸하다고 생각하지 않습니다. 그러나 더 광범위한 정경의 맥락에서는, 하나님이 누구시며 무엇을 하시는지에 관한 질문에 대해 성경이 제시하는 모든 대답의 기초가 창조의 교리를 다시 한 번 강조하는 것이라는 사실만은 분명합니다. 우리가 살펴본 것처럼, 이 점은 이사야서와 다니엘에서 그리고 신약 성경도 마찬가지입니다.

다섯째로, 아마도 가장 중요한 요점일 텐데, 42장에서 제시되는 욥기의 결론은 많은 사람에게 너무나 실망스럽고 평범한 결론으로 여겨졌지만, 욥기가 주장하는 바와 관련해서는 중요합니다. 만일 저자가 다른 신학적 견해를 가지고 있었더라면, 욥이 죽은 후에 천사가 그를 낙원으로 데리고 갔고 그 곳이 모든 면에서 아주 훌륭했기 때문에 지상에서 겪었던 끔찍한 시간을 잊을 수 있었다고 말하는 것이 더 쉬웠을 것입니다. 그러나 그것은 분명히 저자가 말하려는 내용이 아닙니다. 제기된 질문은 하나님이 이 세상을 어떻게 도덕적으로 통치하시는가 하는 것이지, 우리가 어떻게 이 세상을 떠나 다른 세상에서 위로를 얻을 수 있는가가 아닙니다. 그것은 불교로 나가는 좋은 길이지만, 성경적 신학에 도달하는 길은 아닙니다. 우리에게는 욥기의 마지막 장이 약간 진부하게 느껴질지도 모르겠습니다. 욥기의 저자는 여전히 도스토예프스키가 「까라마조프 씨네 형제들」에서 던지는 "단 한 명의 어린이라도 고문을 당한다면, 과연 하나님이 자신을 정당화하실 수 있는가"라는 질문을 피할 수 없습니다. 그러나 욥기는, 만일 하나님이 창조주시라면(무엇보다도 이것이 욥기 전체의 전제입니다) 그리고 모든 것이 제자리에 놓여져야 한다면, 그런 일은 다른 어떤 곳이 아닌 바로 피조세계 안에서 일어나야 한다고 주장합니다.

여섯째로, 다음 장의 내용과도 연결되지만, 욥기와 이사야서가 말하는 여호와의 종은 놀라운 유사점을 지니고 있습니다. 먼저, 그 종은 욥과 마찬가지로 무죄합니다. 또 그는 욥처럼 불평을 하지는 않지만 역시 고통과 절망과 모욕을 경험합니다. 다시 한 번 정경의 전체 맥락을 살펴본다면, 우리는 욥기 전체를 겟세마네의 고통스러운 장면을 미리 보여 주는 예고편이라고 말할 수도 있을 것입니다. 겟세마네 장면에서도 위로자들은 모두 실패하며, 피조세계 자체가 몰려오는 괴물처럼 어둠으로 변하여 한 무죄한 사람을 포위하며, 그는 이 모든 일이 왜 벌어져야 하는지 묻고 있습니다. 더 자세한 내용은 다음 장에서 다루기로 하겠습니다. 욥기는 그 자체로도 경탄스러운 문학적 기술을 보여 주는 기념비적인 작품이며, 또한 아무도 회피할 수 없는 문제들에 대한 탁월한 신학적 탐구입니다. 욥기는 이 시대에서 악의 문제를 '해결'해 버리는 것은 악의 문제를 축소하는 것일 뿐이라는 신학적 주장이며, 명백한 반대 증거들에도 불구하고 이스라엘의 하나님은 창조주이시며 세상의 주님이시라고 선언하는 신학적 찬양입니다.

나오는 말

우리는 마치 회오리바람을 타고 보는 것처럼 급하게 악의 문제에 대한 구약 성경의 접근법을 살펴보았습니다. 이에 대한 결론으로 말 그대로 수십 가지 이야기를 할 수 있겠지만, 저는 특별히 다음 네 가지만을 제시하고자 합니다. 마지막 네 번째는 문제를 좀더 확장해 주는 결론이 될 것입니다.

첫째로, 악의 인격화 된 힘인 사탄이 중요하기는 하지만 그렇게 중요하지는 않습니다. 악의 기원 자체는 신비로 남아 있습니다. 그리고 그가 (혹은 그것이) 등장할 때마다, 사탄은 엄격한 제약 속에서만 갇혀 있습니다. 우리는 아직 사탄이 요한계시록의 용이나 유혹의 산에서 예수님의 귀에 속삭이는 사악한 존재로 나타나는 경우는 살펴보지 않았습니다.

둘째로, 악에 대한 인간의 책임은 전체적으로 분명하게 드러납니다. 구약 성경에 이것을 설명하는 이론이 제시되지는 않지만, 모든 (혹은 실질적으로 모든) 인간은 그 문제에 참여하고 있는 것으로 드러납니다. 에스겔 14:14은 노아와 다니엘과 욥, 세 사람을 이제껏 살았던 사람 중에서 가장 의로운 사람으로 꼽았습니다. 하지만 우리는 노아의 술 취한 모습이나, 죄 고백의 기도를 드리는 다니엘이나, 더는 자신을 변호할 말이 없어 손으로 입을 가린 욥의 모습을 떠올릴 수 있습니다. 아브라함은 잘못을 저질렀습니다. 때때로 모세도 그러했고, 위대한 성자로 여겨지는 다윗도 끔찍한 죄인이 었습니다. 다른 사람들도 마찬가지입니다. 하나님은 한 가족을 통해 세상을 바로잡기로 하셨는데, 그 가족 역시 깊은 결함을 가진 사람들로 이루어졌습니다. 그들은 2차, 3차 악의 문제를 일으켰고, 하나님은 그 문제들을 차례로 하나씩 처리하고 해결하셔야 했습니다. 오로지 이사야 53장에서 우리 앞에 등장하는 한 이상하고 조용한 인물만이 유일하게 무죄하고 의롭다는 말을 듣습니다.

셋째로, 사람들이 행하는 악은 피조물의 노예됨과 밀접한 관련이 있습니다. 이것은 일대일 인과관계의 문제는 아니지만, 그물처럼 서로 긴밀히 연결되어 있습니다. 창조주에 대해 인간이 반역한 사건들의 영향은 물결처럼 퍼져 나가 피조세계 자체를 망가뜨려 놓습니다. 마찬가지로, 인간을 바로잡으면 세상이 바로잡히게 됩니다. 지진이나 다른 소위 '자연적 재앙'에 대한 설명은 제시되어 있지 않습니다. 하지만 예언자들은 주저하지 않고 그런 일을 하늘에서 보낸 경고라고 말했을 것입니다.

넷째로, 구약 성경은 절대로 철학자들이 원하는 그런 종류의, 모든 것이 깔끔하게 설명되는 정적인 세계 질서의 그림을 제시하려 하지 않습니다. 많은 회의주의자는 종교인들이 하나님은 커다란 기계의 전능한 관리 책임자로서 그 기계가 정상 작동하도록 유지할 수 있어야만 한다는 식의 단순한 그림을 가지고 있다고 단정 짓곤 합니다. 하지만 성경이 제시하는 그림은 어떤 부분에서도 그렇게 단순한 모습으로 쪼그라들지 않습니다. 우리에게 주어진 것은 그보다 더 낯설고 신비한 것이며, 불의한 세계 안에서 정의를 이루어 나가시는 하나님의 과업에 관한 하나의 이야기입니다.

이 과업은 현재의 피조세계를 폐기하고 다른 일을 시작하는 것이라기보다는 기존의 것을 바로잡는 일입니다. 그런 이유 때문에 하나님은, 비록 사람들의 마음이 늘 악한 것만을 생각하고 이스라엘은 아브라함 이후로 쭉 복종하는 횟수만큼 많은 실수를 범하고 있음에도, 있는 모습 그대로 그들을 통하여 일하기로 하십니다. 그 전체 거대 이야기와 그 안의 많은 작은 순간 속에서 비로소 우리는 하나님의 거룩한 행위의 패턴을 보게 됩니다. 하나님은 인간의 책임과 주체됨(agency)을 무너뜨리지 않으시면서, 악을 심판하고 징벌하시며, 악에 한계를 설정하시며, 새로운 은혜의 순간들과 새 창조를 이루는 사건들—비록 그것들이 어쩔 수 없이 양면성을 포함하고 있다고 하더라도—을 약속하고 그것을 가져오십니다. 제가 생각하기에 이것은, 하나님의 입장을 설명하고 정당화하려고 노력하는 어떤 이들이 좋아하는 '자유의지 옹호론'(하나님이 우리에게 자유의지를 주셨으므로 모든 것은 우리의 잘못이다)과는 조금 다릅니다. 이것은 피조세계가 여전히 기본적으로 선하다는 확고한 긍정에서 나온 하나님 쪽에서의 '행동에 대한 헌신'에 좀더 가깝기 때문입니다. 비록 이 피조세계가 망가지기는 했지만 하나님은 그 선한 피조세계를 철회하실 수 없습니다. 그러므로 하나님은 당신이 창조하신 세상을, 심지어 그것을 바로잡아 가시는 동안에도, 그 창조된 타자성(otherness)을 긍정하시며 그 안에서 일하실 것입니다.

우리는 이 네 번째 요점 속에서, 비록 간접적이고 모호하기는 하지만, 구약 성경의 절정이 되는 이야기로 우리를 인도할 표지판을 (적어도 그 패턴과 윤곽만큼은) 발견할 수 있습니다. 인간의 죄성이 하나님의 마음을 슬프게 한 순간, 여호와의 종이 모욕을 받고 버림 받는 순간, 욥이 하나님을 향해 왜 그런 일이 벌어져야만 하는지 묻는 순간, 이 모든 순간은 인자가 마침내 바다에서 올라온 짐승들의 강력한 힘에 맞서기 직전 외로움과 두려움으로 무릎을 꿇었던 순간으로 집중됩니다. 신약 성경에 나오는 겟세마네 이야기와 나사렛 예수의 십자가형 이야기는 다음 질문들에 대해 어둡고 낯선 결론을 내리고 있습니다. 하나님은 악에 대해 무엇을 행하시는가? 하나님의 정의가 인간의 육신을 취했을 때, 겟세마네 동산에서 발에 흙을 묻히고 십자가 상에서 손에 피를 묻혔을 때, 하나님의 정의에는 무슨 일이 일어나는가? 이처럼 하나님이 이 세상에서 행하시는 일 속에 나타나는 복합적인 의미들은 예수님의 이야기로 집중됩니다. 바로 그 이야기가 다음 장의 주제가 될 것입니다.

{ㅤ **3. 악 그리고 십자가에 못박히신 하나님** ㅤ}

들어가는 말

예수님은 왜 죽으셨습니까? 많은 이유를 들 수 있습니다. 로마인들은 그분이 국가 안보를 위협하는 인물이라고 생각했습니다. 유대인 지도자들은 성전에서 그분이 하신 행동에 대해 격노했습니다. 그분의 제자들은 그분을 배반했습니다. 또한 예수님 자신은 그것이 어떤 의미에서 자신의 소명이라고 믿었습니다. 저는 이 모든 설명을 「예수와 하나님의 승리」(*Jesus and the Victory of God*, 크리스챤다이제스트 역간) 제12장에서 매우 자세하게 다뤘습니다.[9]

그러나 우리가 '예수님이 왜 죽으셨는가?'라는 질문을, '하나님의 목적 속에서 예수님이 왜 죽으셔야만 했는가?'라는 더 심층적인 문제로 생각한다면, 우리는 사건과 동기에 대한 역사적 분석으로부터, 하나님이 악에 대해 행하기로 결단하신 일에 대한 신학적 설명으로 옮겨가게 됩니다. 궁극적으로 이것은 '속죄' 이론들이 다루는 내용입니다. 그리고 그와 같은 질문을 다루려면 자연스럽게

'악'이 무엇인지에 대한 어떤 관점이 필요하게 됩니다. 문제의 특성상 이것은 양방향통행로이며, 단순히 악에 대한 관점을 한 가지 가지고 와서 하나님이 이 문제에 대해 어떻게 대답하셨는지를 설명하는 속죄 교리를 고안해 내는 것이 아닙니다. 비록 적지 않은 이들이 그렇게 하였음이 분명하지만 말입니다. 신약 성경 이후로 기독교 신학자들이 종종, 또는 일반적으로, 예수님의 십자가형을 경외심과 두려움과 감사의 마음으로 바라보면서, 그것으로부터 악의 본질에 관하여 뭔가 심오한 내용을 유추해 냈다는 분명한 표지들이 많이 있습니다. 바울은 '만일 의가 율법을 통해 주어진다면, 메시아의 죽음은 필요하지 않았다'(갈 2:21)고 기록합니다.

이 책을 여는 첫 번째 장에서 제가 악은 강력한 실재며, 개인들의 죄의 총합을 넘어서는 것이며, 이원론적 관점으로는(창조된 세계를 악한 것으로 보고 문제의 해결책을 이 세계에서 벗어나는 것이라고 보는 존재론적 이원론이든, 세상을 착한 '우리'와 악한 '그들'로 나누는 사회학적인 이원론이든) 적절하게 이해될 수 없다고 주장했습니다. 그리고 두 번째 장에서는 구약 성경을 읽는 한 가지 관점을 제시하면서, 욥기 같은 핵심 본문들뿐만이 아니라 정경 전체가 어리둥절할 정도로 다양한 각도에서 하나님이 악에 대해 무엇을 행하시는지를 이야기하고 있다고 주장한 것도 기억하실 것입니다. 하나님은 한 가지 계획을 실행하셨습니다. 그 계획은 하나님 자신이 수많은 모호함 속에 개입하게 되는 대담하고도 위험한 계획이었습니다. 이것은 아마도 이중간첩의 위장전술과 비슷하다고 말할 수 있을 것입니다. 해결책을 끌어내고자 수많은 부분에서 타협을 해야만 하는 계획이기 때문입니다. 이 계획에는 악을 처리하기 위해 악을 어느 지점까지 끌어가는 것도 포함됩니다. 하나님이 악을 처리하시는 전략과 관련이 있는 구약 성경의 상징들로서는, 정기적인 제사를 드림으로써 죄와 은혜를 상기하게 하는 성전(聖殿)이나, 왕, 제사장, 예언자와 같은 인간 상징들이 있으며, 특히 우리가 살펴본 여호와의 종이나 인자와 같은 인물도 있습니다. 이 두 인물은 모두 세상의 악을 처리하겠다는 하나님의 약속을 운반하는 백성인 이스라엘이 악의 힘과 무게에 짓눌려 있을 때 등장합니다.

이 모든 내용은 우리 묵상의 출발점이 됩니다. 제가 첫 번째 장에서 말한 것처럼, 십자가의 신학들은 하나님이 예수님의 죽음을 통해 어떻게 '죄'를 다루시는가 하는 질문에 초점을 맞추었지만 일반적으로 더 큰 문제인 악의 문제를 포착하지는 못했습니다. 반면, 철학적 신학의 영역에서 '악의 문제'에 관해 글을 쓴 대부분의 사람들은 보통 악의 문제에 대한 분석과 해결의 과정에서 십자가의 의미는 충분히 파악하지 못했습니다. 이 둘은 항상 분리되어 잘못된 짝을 이루고 있었던 것입니다. 한쪽에는 단순히 '선하시고 전능하신 하나님이 어떻게 처음부터 악이 세상에 들어오도록 허용하실 수 있는가?'라는 관점에서만 논의되는 '악의 문제'가 있고, 다른 쪽에는 단순히 개인적인 용서의 관점에서만 생각되는 속죄가 있습니다. "저 멀리 푸른 언덕에"(146장-역주)라는 찬송가는 이러한 관점에서 속죄의 다양한 범주를 감동적으로 그러나 궁극적으로는 부적절하게 제시합니다. [이 찬송가는 개인화 된 '속죄'에 대해 말하고 싶은 다양한 내용을 언급하고 있습니다. "그의 죽으심은 우리의 용서를 위함이라. 그가 죽으신 것은 우리를 선하게 만드시고, 그의 보혈로 구원을 얻어, 마침내 천국에 들어가게 하려 하심이라"(번안

된 우리말 가사와는 차이가 있다—역주)] 19세기와 20세기의 많은 기독교 사상은 계몽주의가 제공한 틀을 받아들였습니다. 그 틀 안에서 기독교 신앙은 현세와 내세의 죄 용서를 보장하고 악한 세상으로부터 사람들을 구원하는 역할을 하게 됩니다. 그래서 계몽주의에 근거한 세계는 기독교 신앙에 대한 그러한 평가를 받아들였고(기독교가 그 세계를 처음부터 움직이고 있었으므로 그리 놀라운 일도 아닙니다) '악의 문제'를 논의하는 데 기독교 신학을 고려하는 것이 불필요하다고 생각해 왔습니다. 무엇보다도 "저 멀리 푸른 언덕에"와 같은 찬송이 제1차 세계대전과 아우슈비츠와 히로시마와 9/11로 말미암아 공포에 사로잡힌 세상을 향해 무슨 말을 할 수 있겠습니까? 비록 위르겐 몰트만(Jürgen Moltmann)과 같은 신학자들이 분리되지 말았어야 할 것들을 통합하는 작업을 시작하기는 했지만, 여전히 우리 앞에는 아직도 올라가야 할 커다란 언덕이 놓여 있습니다.

복음서 다시 읽기

이 시점에서 우리에게 필요한 것은, 복음서들을 편견을 버리고 주어진 그대로 다시 읽어 보는 것입니다. 실제로 복음서들 안에는 '속죄 신학'이 그렇게 많이 등장하지 않는 것 같습니다. 저는 아직도 주류 패러다임이 지배하는 대학 세계에서 오랜 기간 학생들을 가르치고 시험을 치르게 했던 경험을 통해 이것을 너무도 잘 알고 있습니다. 마가의 '십자가 신학'은 종종 핵심구절인 10:45 하나로 축소되는 것처럼 보입니다. 그 구절은 "자기 목숨을 많은 사람을 위한 대속물"(*lutron anti pollōn*)로 내어 주려고 오는 인자를 언급함으로써 자연히 이사야 53장을 떠올리게 합니다. 누가는 그 점에서는 의도적으로 마가를 따르지 않는 것처럼 보입니다. 그러므로 종종 누가복음은 진정한 속죄 신학으로부터 한발 물러서 있다는 평가를 받곤 합니다. 주의 만찬 이야기에는 속죄 신학을 향해 발전하는 듯한 징후들이 있고, 십자가 수난 이야기에는 많은 성경적 암시가 사용되어 속죄 신학으로 더 가까이 접근하는 듯한 요소들이 담겨 있습니다. 그러나 대부분의 학계와 교회의 삶의—항상 속죄 신학을 찾고 있으며, 속죄 신학이 발견될 만한 곳에서는 언제나 그것을 발굴해 내려고 하는 교회들의 삶을 말합니다—주류 전통 안에서는, 복음서들이 바울 서신과 히브리서와 베드로전서에 근거한 속죄 신학에 대하여는 일반적인 내러티브적 배경이 되는 것 외에는 별로 기여하는 바가 없다고 인정됩니다.

그러나 우리가 복음서들을 통전적인(holistic) 방식—복음서들 자체가 그런 읽기를 요구한다는 점은 충분히 논증 가능합니다—으로 읽으면, 우리는 그 책들이 이중적인 이야기를 말하고 있고, 우리가 처음 두 장에서 다룬 주제들이 그 이야기 속에서 한 곳으로 집중됨을 발견할 수 있습니다. 복음서들은 어떻게 세상의—정치적, 사회적, 인격적, 도덕적, 감정적—악이 최고조에 달했는가 하는 이야기를 말하고 있습니다. 그리고 어떻게 이스라엘을 위한 (그리고 하나님 자신을 위한!) 하나님의 장기적인 계획이 마침내 절정에 도달했는지에 대해서도 말합니다. 그리고 복음서들은 이 두 가지 이야기를, 나사렛 예수가 어떻게 하나님의 나라를 선포한 후 폭력적으로 죽임을 당했는가 하는 하나의 이야기를 통해 (그리고 그 이야기 속에서) 제시하고 있습니다. 저는 이 장에서 이 압축된 진술을 풀어서 설명하려고 합니다. 그리고 우리가 이런 식으로 복음서들을 읽을 때, 복음서들은 우리가 익숙히 아는 속죄 신학보다 더 풍부한 속죄 신학을 제공할 뿐 아니라, 악의 문제 자체와 우리가 이 시대에 악에 대해 무엇을 행해야 하는지에 대한 더 깊은 이해를 제공한다는 것을 보여 줄 것입니다.

(1) 복음서들은 교만이 극에 달한 세상의 정치적 권세들에 관해 이야기합니다. 복음서의 초기 독자들은 모두 '복음'이라는 단어 자체가, '하나님의 나라'에 관한 가르침은 차치하더라도, 가이사의 통치에 대한 직접적인 대항이라는 사실을 완벽할 정도로 잘 알고 있었습니다. 보통 가이사의 제국 안에서는 그의 통치에 관한 소식이 '좋은 소식' 곧 '복음'이라고 불렸기 때문입니다. 로마는 모든 복음서 이야기의 어렴풋한 배경이 되고 있습니다. 그리고 예수님이 마침내 로마의 총독 빌라도를 만나셨을 때, 기민한 독자들은 그 장면이 처음부터 계속 진행되어 온 진짜 대결의 실체를 드러내는 대단원임을 느낄 수 있었습니다. 마찬가지로 (마태복음에서 특히 두드러지는) 헤롯 가문의 존재나 세례 요한의 이야기는 그 지역의 유대인(혹은 자칭 유대인) 또는 유사 귀족들이 다른 '유대인의 왕'의 존재나 그 왕을 선포하는 말을 호의적으로 대하지 않았음을 계속 상기시켜 줍니다. 마지막으로, 예루살렘의 타락한 통치 기구인 가야바와 그의 대제사장 가문도 이야기의 절정 부분에서 무대에 등장합니다. 그들도 역시 문제의 심층 구조의 일부를 차지하고 있습니다. 인간의 체제들은 모든 면에서 그들에게 주어진 한계를 넘어섰

고 결국은 예수님을 십자가에 못박아 버립니다.

(2) 또한 복음서들은 이스라엘 자체의 부패에 대해 이야기합니다. 해결책을 운반하는 백성이 문제의 중심이 되어 버렸습니다. 바울은 이 끔찍한 아이러니를 생각할 때마다 눈물을 흘렸습니다. 바리새인들은 토라 해석을 통해 어떤 종류의 거룩함을 추구해야 한다고 제안했지만 문제만 더 악화했을 뿐입니다. 제사장들이 성전에서 올리는 제사는 하나님의 은혜를 선포했어야 하지만, 오히려 그들의 부패한 독점 체제를 드러내고 있었습니다. 혁명운동가들은 침입해 들어오는 하나님 나라를 위해 행동하고자 했으나(마 11:12), 폭력으로 폭력과 싸우려는 그들의 시도는 폭력에 대한 승리가 아닌 폭력을 위한 승리만을 낳았을 뿐입니다. 이것은 예수님의 죽음이라는 사건이 벌어졌을 때, 그것이 이방 나라들의 소행일 뿐 아니라 이스라엘의 소행으로 보일 수밖에 없었음을 뜻합니다. 더 심각한 아이러니는, 이스라엘은 그들이 맨 처음에 왕을 선택하던 날과 마찬가지로 '다른 나라들 같이'(삼상 8:5, 20) 되기를 원했고, 결국은 자신들의 입으로 가이사 외에는 그들에게 다른 왕이 없다고(요 19:15) 외치기에 이르렀다는 것입니다.

(3) 그리고 복음서들은 인간의 수준을 초월하는 더 깊고 어두운 힘들에 관하여 말합니다. 이런 힘들에 대해서는 아직도 '악마'와 같은 용어들을 사용하는 것이 많은 문제점에도 불구하고 가장 덜 부적절할 것입니다. 이런 악의 힘들은 위에서 언급한 모든 인간적 요소 속에서 작용하지만, 단순히 인간적인 요소들에만 관련된 것으로 축소될 수는 없습니다. 복음서들은 우리에게 '사탄', 곧 유사 인간적 존재인 '고소자'를 소개하고 있습니다. 그는 예수님을 이스라

엘이—다른 모든 세상과 마찬가지로—이미 빠졌던 그 함정에 집어넣으려고 갖가지 방법을 시도합니다. 예수님이 치유를 베푸실 때 그분을 향해 비명을 질렀던 귀신들이나 무덤에서 뛰쳐나와 그분에게 달려들었던 귀신들은, 싸움이 단순히 인간적 수준에서만 일어나지 않음을 보여 주는 표지들입니다. 폭풍이 몰아치는 어두운 바다는 고대 이스라엘이 지녔던 악의 이미지를 떠올리는데, 이 악은 현재의 악행과 고통의 총합을 훨씬 뛰어넘는 것입니다. 예수님이 배반당하기 직전에 '어둠의 권세'(눅 22:53)를 언급하신 것은, 그날 밤에 악이 최악의 일을 실행할 기회와 권한을 특별히 부여받았음을 아셨기 때문입니다. 군인들과, 배반자와, 허둥대는 제자들과, 타락한 법정은 모두 원격 조종을 받는 하수인들에 불과했습니다. 십자가에 달리신 예수님을 향해 구경꾼들이 퍼붓는 조롱 속에서('네가 만일 하나님의 아들이거든…') 광야에서 그분의 귓가에 속삭였던 비웃음과 유혹의 목소리가 다시 들려왔습니다. 피조세계의 선함을 궁극적으로 부정하는 죽음의 권세는 최악의 일을 행할 수 있는 허락을 받고, 파멸의 힘과 하나님과 세계를 적대하는 권세를 과시하고 있었던 것입니다. 복음서들이 이 모든 이야기를 들려주는 것은, 바로 십자가에 매달려 고문 받고 죽어가는 젊은 유대인 예언자 위에서 악이 정말로 충만하고도 완전한 악이 되었다고 말하기 위함입니다.

(4) 복음서들이 말하는 예수님의 이야기 속에서는, 선과 악을 나누는 선이 예수님과 그의 친구들을 한편으로, 나머지 모든 사람을 다른 편으로 갈라놓으며 지나가지 않습니다. 유대인과 이방인 사이를 가르는 것도 아닙니다. 그 선은 바로 예수님을 따르는 사람들

의 한가운데로 지나가고 있습니다. 베드로는 반석이 될 것이라는 의미로 그 이름을 얻었지만, 즉시 '사탄'이라는 꾸짖음을 듣게 됩니다. 도마는 불평하고 의심합니다. 야고보와 요한은 하나님의 나라에서 가장 좋은 자리에 앉기를 바랍니다. 그들 모두는 누가 가장 높은 자리를 얻을 것인지를 놓고 말다툼을 하기도 합니다. 유다는 유다라는 점이 유다입니다(가장 파악하기 어려운 수수께끼의 인물입니다). 어쨌든, 겟세마네 동산의 횃불에 칼이 번쩍이기 시작하자 충성심과 용기는 그들을 버렸고, 그들은 예수님을 버렸습니다. 우리는 아마도 복음서에 등장하는 몇몇 여자를 옹호할 수도 있을 것입니다. 그들은 남자들이 떨어져 나갈 때에도 충성과 헌신을 지켰던 것 같습니다. 하지만, 그것도 주로 침묵에 근거한 논증에 머무를 뿐입니다. 복음서들이 쓰이게 된 상황을 고려할 때, 교회의 첫 번째 지도자들의 실패한 모습이 이렇게 솔직하게 기술된 것은 놀라운 일이 아닐 수 없습니다.

(5) 복음서들이 들려주는 이야기는 악이 나선형으로 하강하며 악순환하는 이야기입니다. 하나의 악이 다른 악을 낳습니다. 악에 대해 제시된 처방이 그 속에 악의 균을 품고 있는 것입니다. 그래서 뒤틀린 것을 바로잡으려는 시도는 이차적인 악을 낳을 뿐입니다. 이것은 끊임없이 반복됩니다. 유다의 배반과 베드로의 부인은 단순히 이 이야기의 마지막 비틀림일 뿐입니다. 대제사장 가야바와 총독 빌라도의 일상적인 불의와 십자가를 향한 군중의 조롱은 마지막에 모두 하나로 묶입니다.

이런 다섯 가지 요점은 우리로 하여금 복음서들의 이야기는 예수님의 죽음이 어떻게 모든 형태의 악이 집결되는 장소가 되었는지를 말하고 있다고 결론짓게 합니다. 예수님의 죽음은 다음 두 가지 모두의 결과입니다. 첫째는 세상의 중요한 정치적인 악으로서, 세상이 과거부터 지금까지 줄곧 치러 오고 있는 권력 투쟁이며, 둘째는 인간과 사회의 구조 배후에서 고소하는 어둠의 힘들, 창조 자체를 악하다고 고소하면서 창조주가 구속하시고자 하는 피조세계를 파괴하려고 계속 시도하는 힘들입니다. 복음서들이 제시하는 예수님의 죽음 이야기는, 하나님의 나라를 선포했던 이 예언자의 폭력적이고 선혈 낭자한 처형과 함께 나선형으로 회전하며 떨어지던 악이 어떻게 마침내 바닥을 치게 되는지를 보여 주는 이야기입니다. 복음서들이 예수님의 이야기를 이런 식으로 전해 준다면, 그 저자들은 우리가 어떤 결론을 이끌어내기를 바라는 것일까요?

악을 처리하시는 예수

이쯤 되면 우리는 잠깐 멈추어 서서 이렇게 말할 수도 있을 것입니다. "그래, 복음서들은 악이―악에 대한 우리의 분석에 따르면―예수님의 죽음의 원인이었다고 말하고 있다. 그러나 이것은 그 자체만으로는 악의 문제에 대한 해결책이 아니라 단순한 재진술일 뿐이다." 우리는 그저 간단히, "그렇다, 악이 예수님을 십자가에 매달았다. 그러나 부활은 그 모든 것을 뒤집어 놓았다"라고 말할 수 없습니다. 복음서들의 이야기는 훨씬 더 심오하고 복잡하기 때문입니다. 이제 두 번째 요소가 들어옵니다. 복음서들은 또한 아브라함의 시대부터 예수님의 시대에까지 이르는 하나님의 장기 계획이 어떻게 최종적으로 결실에 이르는지를 보여 주는 이야기입니다. 우리가 제2장에서 살펴본 것처럼, 이 계획은 심판과 약속이라는 양면성이 포함된 위험한 계획이었습니다.

우리는 복음서들이 예수님의 공생애에 대해 말하는 방식을 통해 이 주제를 좀더 가까이서 관찰할 수 있습니다. 저는 이미 이 주제를 다른 곳에서 상술하였으므로[특히「예수와 하나님의 승리」제5-10장과[6]「Jesus 코드 - 역사적 예수의 도전」(*The Challenge of Jesus*, 성서유니온 역간)[7]을 보십시오] 여기에서는 간단히 요약만 하고자 합니다.

치유사역

예수님은 손을 내밀어 나병환자를 만지십니다. 그러나 어찌 된 일인지, 예수님이 나병에 전염되신 것이 아니라 그 나병 환자가 예수님의 온전함과 깨끗함에 전염되었습니다. 그분은 혈루병에 걸린 여자가 자신을 만지도록 허락하셨습니다. 부정한 여인에게 닿은 남자는 그 역시 부정하게 됨에도 말입니다. 그러나 오히려 예수님으로부터 그녀에게 능력이 흘러나갔고, 그녀는 치유를 받게 됩니다. 그분은 또한 나인성에서 과부의 죽은 아들을 만졌으나, 자신이 부정하게 된 것이 아니라 그 시체가 생명을 얻었습니다. 저는 복음서 저자들이, 전적으로 같은 일이 십자가에서도 벌어지고 있음을 보여 준다고 생각합니다. 십자가에서 예수님은 마침내 자신을 유대인 혁명가들과 동일시하십니다. 실패한 그들의 대의를 받아들이면서 말입니다. 그것은 그들이 갈망했던 그 나라를 그들이 거부해 버린 방법으로 가져오기 위함이었습니다.

죄인들과의 식탁교제

예수님은 또한 격에 맞지 않는 사람들과 어울려 하나님 나라의 도래를 축하하셨습니다. 그러자 하나님의 나라가 거룩함과 악으로부터의 분리라는 것을 뼈저리게 잘 알았던 사람들은 그분을 향해 분노와 적대감을 품게 됩니다. 그들은 악인들이 구속과 구원을 받을 수 있으며, 또 구원을 받고 있다는 것을 상상조차 할 수 없었기 때문입니다. 그분의 어머니와 형제들까지도 그분이 정신이 나갔다고 생각하고 집으로 데려가려고 합니다. 그러자 그분은 자기 주위에 둘러앉아 자신의 말 한 마디 한 마디에 귀를 기울이는 그 사람들이 바로 자신의 어머니와 형제들이라고 선언합니다. 그리고 그분은 들을 귀가 있는 사람들을 위해 잃어버린 양과 동전과 두 아들의 이야기를 들려주면서, 이 원리가 우발적인 것이 아니라 하늘에서 주어진 우선 순위임을 알려 줍니다. 그분은 여리고의 세리 삭개오와 함께 점심 식사를 하여 화를 자초하기도 합니다. 그동안 문밖에서 기다리던 사람들은 충격을 받고 수군거리기 시작했습니다. "그가 죄인과 함께 식사하러 들어가다니!" 마지막에는, 무죄한 그분이 반역자들의 치욕을 나누어지며 그들과 함께 죽으러 가기에 이릅니다. 누가는 특히 이 점을 분명하게 보여 줍니다. 처음부터 끝까지 악의 오염시키는 힘이 그분을 무겁게 짓눌렀습니다. 그리고 그분은 그것을 짊어졌고, 온전히 받아냈고, 마침내 그 악의 힘을 소진시켜 버리셨습니다.

이스라엘의 이스라엘 되어야 할 소명을 구체화하는 모델

예수님은 자신의 제자들을 부르시는 과정에서 새로운 방식으로 하나님의 소명을 나타내십시다. 이스라엘은 결국 세상의 빛, 산 위의 도시가 되어야만 합니다. 그럼으로써 세상을 향하여 하나님의 백성이 되는 것이 무엇을 의미하는지를 보여 주어야 합니다. 그들은 세상을 위한 하나님의 종이 되어서 다른 쪽 뺨을 돌려대고, 오 리를 더 동행해 주고, 가진 것을 모두 빼앗고자 하는 이교도들에 대해 저항하지 말아야 합니다. 이런 깊은 도전을 주는 산상수훈의 말씀들이 우리의 귀를 울리는 동안, 우리는 마태복음을 계속 읽어 나가며 인자를 관찰합니다. 그분은 세상에 하나님의 심판을 가져오고, 세상을 바로잡으며, 악을 무찔러 이기며, 자기의 권세로 죄 용서를 선포하며, 자신이 안식일 규정의 효력을 정지시킬 권한이 있다고 선언하십니다. 우리가 관찰하고 있는 그 메시아는 자신의 왕국에 들어오고, 진짜 싸움에서 승리하며, 성전을 깨끗하게 하고, 하나님의 통치를 세상에 가져옵니다. 이 모든 것은 시편 2편에 이미 예언된 것이지만, 그분은 아무도 상상하지 못했던 방식으로 그 일을 성취하십니다. 그리고 마지막으로 우리는 인자, 메시아를 봅니다. 그분은 궁극적으로 이스라엘을 대표하는 인물인 여호와의 종의 역할을 몸소 담당하며, 이스라엘과 세상의 죄와 수치의 짐을 대신 지십니다. 그리고 그 이야기가 폭력적인 결말로 치달으면서, 우리는 그분이(기운을 북돋아주지만 또한 너무도 자주 오해되는 가르침인) 산상수훈을 통해 자신이 선포했던 이스라엘의 소명에 순종했다는 것을 깨닫고 깜짝 놀라고 맙니다. 그분은 정말로 다른 쪽 뺨을 돌려대었으며, 로마인들이 떠넘긴 십자가를 지고 오 리를 더 걸어갑니다. 그분은 숨을 데라곤 없는 언덕 위에 세워집니다. 그분은 이교도의 어둠을 받아들였던 이스라엘을 대신하여 세상의 빛

된 이스라엘의 역할을 실제로 행하시는 것입니다. 무엇보다도, 마가복음 10:45은(그리고 병행구절인 마 20:28은) 본래 밋밋하고 신학적으로 중립적이었을 이야기 위에 덧입혀진, 현실과 동떨어지거나 초연한 신학적 해석이 결코 아닙니다. 그것은 수면 아래 깊은 곳에 존재하는 것을 짐작하게 해주는 빙산의 일각입니다.

우리는 이제 복음서 이야기 속에 깊이 새겨져 있는 이 주제를 다음과 같이 요약할 수 있을 것입니다.

(1) 예수님은 자신의 백성을 향하여, 세상의 빛이 되라는 자신의 부름을 따르지 못하는 것에 대하여, 그리고 하나님이 요구하시는 정의와 자비를 그들의 삶 속에 구현하지 못하는 것에 대하여 하나님의 심판이 임박했다고 경고하셨습니다.

(2) 예수님은 자신을 이스라엘과 전적으로 동일시하셨습니다(여호와의 종 메시아가 그렇게 해야만 했던 것처럼). 이스라엘의 소명을 자신의 것으로 취하시고 고통과 부정함과 질병과 어리석음과 반역과 죄악을 짊어지셨습니다.

(3) 그러므로 예수님은 정치적 영역과 신학적 영역에서 이스라엘의 실패와 죄의 직접적인 결과들을 떠안으셨습니다. 그분은 문자적인 의미에서 그들의 죄 때문에 죽으셨습니다. [한번은 몬트리올 서쪽 오타와 강변의 인디언 정착지(the Indian reserve)를 지나가다가, "커스터가 너희들의 죄 때문에 죽었다"(Custer died for your sins)라고 쓰인 자동차 범퍼스티커를 보았는데(커스터는 인디언과의 전쟁에서 전사한 백인 장군이다. 앞의 구절은 유명한 책의 제목이기도 하다—역주) 아주 비슷한 의미를 담고 있는 표현입니

다.] 이것은 원래 이야기에 후대의 관점이 덧입혀진 이질적이거나 자의적인 신학이 아닙니다. 복음서들은 바로 이것이 처음부터 중심 내용이었다고 말하고 있습니다. 예수님은 하나님의 백성이 여러모로 그들의 소명을 이루는 데 실패한 직접적인 결과를 몸소 담당하셨던 것입니다.

특히 마태, 마가, 누가, 요한은 저마다 매우 독특한 방식으로 이 모든 것이 예수님 자신의 의도였으며(그분의 소명은 구약 성경과 그분의 인격에 깊이 뿌리내려 있고, 소년 시절부터의 기도와 연구를 통해 형성되었고, 세례 시에 극적으로 확증된 것입니다) 동시에 하나님의 의도였다고 선언합니다. 이스라엘의 하나님은 자신이 다시 예루살렘으로 오셔서 통치하시고, 심판하시고, 치유하시고, 구원하실 것이라고 오래전부터 약속하셨습니다. 이제 그분이 모든 약속을 기억하시며 마침내 그 성으로 들어오고 계십니다. 그분은 돌아오겠다는 약속을 남기고 떠났던 왕의 이야기를 들려주시며 왕을 맞이할 준비가 되지 않은 사람들에게 일어날 일에 대해 경고하셨습니다. 그분은 보호의 날개 아래 새끼들을 모으기를 고대하는 암탉이었습니다. 주위의 모든 나무가 말라 죽어 불에 던져지게 되었을 때, 그분은 그 가운데 생명을 지닌 유일한 푸른 나무였습니다.

특히, 예수님은 깊은 성경적 뿌리를 가진 한 가지 어두운 주제를 자신의 것으로 삼으셨습니다. 큰 고통과 환란의 시기가 찾아올 것이며 오직 그 시기를 통과할 때에만 하나님이 약속하신 구원이 온다고 믿었습니다. 보통 사람이라면 놀라움과 두려움으로 굳어버릴 수밖에 없었던 그런 소명이어서, 예수님은 예언자들과 신탁 전달자들이 말했던 '페이라스모스'(*peirasmos*), 즉 큰 '시험의 때'가 거대한 해일처럼 세상을 덮쳐오고 있으며, 다른 모든 이를 살리려면 그 온 힘을 자기 몸으로 받아내야 한다고 인식하게 되셨습니다. 그래서 그분은 동산에서 자신의 제자들에게 "시험(*peirasmos*)에 들지 않도록 깨어 기도하라"(막 14:38)고 말씀하셨습니다. 만일 그분이 말씀하신 것이, 좋은 포도주를 곁들인 훌륭한 식사를 마친 후에 주어진, 일상적인 죄의 유혹에 빠지지 않기 위해 기도해야 한다는 정도의 일반적인 조언이라면, 그 장면은 거의 익살에 가까운 진부한 이야기가 되어 버릴 것입니다. 그러나 그렇지 않습니다. 어둡고 무서운 거대한 악의 힘이 그분을 덮쳐오고 있었습니다. 그리고 예수님은 오래전부터 이스라엘의 대표자 된 자신의 과업, 오직 자신에게만 주어진 과업을 자각하고 계셨습니다. 성경에 따르면, 그것은 이스라엘의 하나님이 자신의 일이며 자신만이 하실 수 있는 일이라고 말씀하신 바로 그 일을 행하는 과업입니다. 자신이 예루살렘의 한 맺힌 운명이 될 것이라고 예언한 게헨나[히브리어 '게힌놈'(힌놈의 골짜기)에서 파생된 말로서 '지옥'의 대명사가 되었다—역주]로부터 1.6킬로미터 정도 떨어진 곳에서 그분은 무릎을 꿇었습니다. 그분은 자신이 그 공격에 맞서고 그 운명을 짊어져야 하므로 앞으로 나아가야만 한다고 믿었습니다. 이 비상(非常)하고 숨 막히는 신학적, 개인적, 우주적 주제들의 조합을 우회할 길은 없습니다. 복음서들이 우리에게 말하려고 하는 것을 정당하게 취급하는 유일한 길은, 전체 그림을 파악하고 그것을 통째로 받아들이는 것밖에 없습니다.

악의 정복에 대한 초기 그리스도인들의 관점

이 모든 것으로부터 두 가지 통찰이 생겨납니다. 이 둘은 초기 그리스도인들의 속죄 신학의 기초인 동시에 악의 문제에 대한 대답의 출발점입니다.

(1) 로마서 7:1-8:11에 기록된 극적인 진술에서 드러나듯이, 바울은 하나님이 예수님의 죽음 안에서 죄에 대해 유죄를 선언하셨고, 형벌을 선고하시고 집행하셨음을(8:3) 보았습니다. 이스라엘의 메시아로서 이스라엘을—그러므로 또한 온 세상을—대표할 수 있었고 또 실제로 대표하였던 예수님의 인격 안에서, 악에 대한 하나님의 철저한 거부(No)가 행동으로 나타난 것입니다.

(2) 신약 저자들은 악이 최악의 일을 저지른 후에 소진되어 가는 주목할 만한 표지를 다양하게 보고합니다. 예수님은 고난을 당하시면서도 사람들을 저주하지 않으셨고, 욕설을 들으시면서도 욕설로 되갚지 않으셨습니다(벧전 2:23). "아버지여 저들을 용서하소서"(눅 23:34)라는 말은 유대교의 순교 이야기의 고상하고 오랜 전통을 근본적으로 혁신합니다. 그 전통에서는(예를 들면, 마카비하 7장처럼), 영웅들이 고문을 받고 죽어가면서 그들을 핍박하는 사람들 위에 하나님의 복수가 임하도록 요청하며 그들을 향해 다가올 심판을 경고합니다.

그 즉각적인 결과는 물론 예수님의 부활입니다. 즉각적으로 찾아온 예수님의 부활을 단순히 최고로 어려운 일을 마침내 완수하였을 때 주어지는 보상이나 모든 것이 잘 꾸며진 연극이었음을 보여 주는 표지로 간주하면서(예수님이 신적인 존재이므로), 전적으로 평범하고 피상적인 방식으로 이해하는 것도 가능했을 것입니다. 불행하게도 그런 식으로 이해하는 그리스도인들도 일부 있는 것 같습니다. 그러나 부활은 그런 종류와는 엄청난 거리가 있는 사건입니다. 악은 반 창조(anti-creation), 반 생명(anti-life)의 세력이며, 공간과 시간과 물질, 그리고 무엇보다도 하나님의 형상을 지닌 인간 피조물들로 이루어진 하나님의 선한 세계를 대적하고 망가뜨리고 파괴하려는 세력입니다. 이는 바울이 고린도전서 15:26에서 생생하게 그리는 것처럼 죽음이 맨 나중에 멸망 받을 원수가 되는 이유입니다. 그러나 어떤 의미에서든 이 악이 정복되었다면―복음서 저자들이 말하는 것처럼, 악은 모든 수준에서 모든 방법을 동원하여 최악의 일을 저질렀고 예수님은 자신의 공생애와 특히 십자가를 통해 악을 처리하시고 악의 온 힘을 받아내고 소진시키셨다면―죽음은 물론 더 이상 권세를 유지하지 못합니다. "잠시 한 번 자고 나면, 영원으로 깨어나리라. 더 이상 죽음이 없으리니, 사망아, 너는 정녕 죽으리라." 현대의 복음서 독자들이 완전히 놓쳐버린 것을 존 도운(John Donne)은 분명히 보았습니다. 우리는 심지어 복음서 저자들이 전하는 이야기 전체가 왜 부활이 일어났는지를 설명하려는 것이었다고 말할 수도 있을 것입니다. 그들은 부활이 그저 특이하게 고립된 기상천외한 기적이 아니라, 예수님이 악과의 전면 대결에서 성공을 거두신 일의 마땅하고도 적절한 결과임을 분명히 보여 주려고 하였습니다. 그것은 바벨의 심판 이후에 오는 아브라함의 부르심이나, 40일간의 비 이후에 등장하는 비둘기와 감람나무 잎사귀 같은 것입니다. 그것은 옛 창조에 속한 악 위에 떨어진 하나님의 심판 이후에 오는 하나님의 새로운 창조 행위입니다.

그러나 같은 이유로, 우리는 '부활'을 말함과 동시에 '죄의 용서'를 말해야만 합니다(바울은 고전 15장에서 이것도 언급합니다). 그 둘은 사실 같은 것입니다. 죄에서 해방되는 것은 죽음에서 해방되는 것이기 때문입니다. 또한, 예수님이 이스라엘을 위한 대표자로서, 그러므로 모든 인류를 위한 대표자요 또한 온 우주의 대표자로서 죽으셨으므로(그것이 대표성의 사슬이 작용하는 방식입니다), 그분이 죄의 무게에 눌려 죽으신 것은 즉각적으로 죄의 책임과 권세에 사로잡혔던 자들의 해방을 낳습니다. 이 부분에서 모든 옛 찬송가는 제자리를 찾게 되며, 이제 새로운 힘과 풍성한 의미를 더하게 됩니다. 죄의 용서 또한 (사 54장과 55장에서처럼) 새 창조를 의미합니다. 창조를 대적하는 죄의 힘이 제거되었기 때문입니다. 그리고 각각의 죄인들이 용서의 말씀을 들을 때, 호숫가에서 예수님과 베드로 사이에서 일어났던 그 놀라운 사건에서처럼(요 21:15-19) 새로운 창조가 시작됩니다.

복음서들이 전하고자 하는 이야기 속에서, 악과 악의 무서운 권세는 철저할 정도로 진지하게 다루어집니다. 이것은 오늘날 다방면에 걸쳐 나타나는 오래된 자유주의적 사고, 즉 처음부터 세상이나 사람에게는 별로 큰 문제가 없었다고 보는 사고에 매달리는 경향과는 정반대의 태도입니다. 복음서 저자들이 제시하는 것과 같은 완전한 형태의 십자가 신학을 가지고 있다면 철저한 진단을 두려워할 필요가 없습니다. 치유책이 준비되어 있기 때문입니다. 물론, 그러한 진단과 그러한 치유책을 받아들이는 것이 모욕적일 수 있습니다. 그러나 우리 세계가 점점 더 분명하게 보여 주는 것처럼, 당신이 악이 별로 심각한 문제가 아니라는 듯이 행동한다면 그것은 단지 악이 기세를 부릴 여지를 더 허용할 뿐입니다. 그러므로 지금은 아마도 복음서 저자들이 제시하는 진단과 치유책 두 가지 모두를 다시 살펴보아야 할 때인 것 같습니다.

사실 복음서 저자들은 이 모든 것을 연속된 세 가지 사건 속에 담아 내고 있습니다. 이 세 사건은 당시에 진행된 일의 배경을 이루면서 동시에 가장 심층적인 설명을 제공합니다. 첫째로, 성전과 관련된 행동입니다. 예수님은 이스라엘의 하나님이 성전을 향해 내리시는 심판을 몸으로 표현하셨습니다. 성전은 모든 이스라엘 백성의 삶의 초점이었습니다. 그리고 그 백성은 예언자들을 통해 주셨던 하나님의 소명을 거부해 왔고, 이제 아들을 통해 주시는 소명도 거부하고 있습니다. 예수님의 행동은 (예레미야의 행동과 마찬가지로) 다가올 심판에 대한 분명한 상징이었고 앞으로 벌어질 일을 가리키고 있었습니다. 이제 이스라엘의 하나님은 제사 제도를 통해서가 아니라 새로운 언약의 시작을 통해서 자신을 알리실 것입니다. 그 안에서 하나님의 백성은 하나님을 마음과 뜻과 목숨과 힘을 다하여 사랑하는 것을 배우게 될 것입니다(막 12:28-34을 문맥 속에서 읽어 보십시오. 그것을 둘러싼 장면들은 모두 다가올 성전의 파괴와 관련이 있습니다).

둘째로, 만찬입니다. 이것은 예수님이 그 당시는 물론 이후로도 줄곧 당신을 따르는 자들에게 자신의 죽음이 무엇을 의미하는지를 표현하고 설명하시고자 직접 택하신 방법입니다. 우리가 알 수 있듯이, 그것은 이론이 아니라 행동입니다(이 점은 지금까지의 모든 속죄 이론가를 향한 경고이며, 지금까지 교회가 교회의 위대한 신조들 안에 속죄를 정의하는 구체적인 조항을 집어넣지 않았던 이유에 대한 설명일 것입니다). 무엇보다도 속죄는 가장 심층적인 차원에서 볼 때 사건(something that happens)입니다. 그러므로 그것을 지적 동의가 가능한 명제로 축소하는 것은 심층적인 차원의 실수입니다(명제들은 기껏해야 실재에 대한 정확한 표지가 될 뿐이기 때문입니다). 이런 실수는 사람들이 악의 문제를 풀어 낼 수 있다고 상상할 때 저지르는 것과 같은 종류의 실수이기도 합니다. 아마도, 이 두 가지는 같은 실수가 다른 모습으로 나타난 것일지도 모릅니다. 어쨌든, 만찬 식탁에서 왕은 자신의 생명을 친구들에게 나누어 줍니다. 좀더 구체적으로 말한다면, 왕은 엄숙하게 그들을 자신의 나라를 가져올 자기 죽음의 수혜자로 삼으시는 것입다. 목자는, 그들을 위해 자신만이 하실 수 있는 일을 행하러 나가시기 전에 마지막으로 양들을 하나로 모으신 것입니다.

셋째로, 십자가형 자체입니다. 복음서 저자들은 십자가형 이야기를 풍부하고 밀도 있게 해주는 작은 이야기들과 조연들을 통하여 그 사건이 의미하는 바를 전해 줍니다. 이것은 마치 셰익스피어의 연극에서 작은 장면들이 관중으로 하여금 중심 플롯의 온전한 의미를 끌어내게 하는 것과도 같습니다. 베다니 사람 마리아는 예수님의 장례를 준비하며 예수님께 기름을 붓습니다. 구레네 사람 시몬은 십자가를 대신 집니다. 바라바는 자유를 얻습니다. 한 강도는 저주를 퍼붓고, 다른 강도는 회개합니다. 구경꾼들은 조롱하고, 군인들은 제비를 뽑으며, 백부장은 잠시 자신의 일을 멈추고 십자가를 바라봅니다. 그 모든 장면 속에서 십자가에 달린 예수님은 우뚝 서 있습니다. 그분은 인격이 된 이스라엘, 사람이 된 여호와, 세상의 악이 할 수 있는 모든 악을 행하는 자리, 세상의 창조주가 하실 수 있는 모든 것을 행하시는 자리가 되셨습니다. 예수님은 정치적, 사회적, 문화적, 개인적, 도덕적, 종교적, 영적 각도로부터 몰려오는, 나선으로 떨어지며 파멸과 절망의 구렁텅이로 내려가는 악의 결과들을 온전히 감당하시며 고난을 받으셨습니다. 그리고 그분이 하신 일은 바로 구속의 행위였고, 악의 추락을 몸으로 받아 소진하는 행위였습니다. 그리하여 새로운 창조, 새로운 언약, 죄사함, 자유, 소망이 생겨나게 하셨습니다.

그러므로 복음서들은 예수님의 이야기를, 특히 어떻게 그분이 죽게 되셨는지에 관한 이야기를, 이스라엘 하나님이시며 세상의 창조주이신 여호와가 주권적이고 구원하시는 사랑으로 우주적이고 세계적이며 인격적이고도 초인격적인 형태의 악을 처리하시는 이야기로 제시해 줍니다. 복음서 저자들은 우리에게 이것이 '하나님의 나라'가 의미하는 바라고 말합니다. 그것은 '죽어서 천국에 가는 것'이나 '지상의 정치적 현실을 새롭게 재편하는 것'이 아니며, 그 두 가지 모두를 포함하면서 그것들을 훨씬 초월하는 것입니다. 복음서들이 제시하는 것은, 악이 무엇이며 왜 존재하는지에 대한 철학적 설명이 아니며, 우리가 어느 정도 삶의 양식을 조절하여 악이 세상으로부터 신비스럽게 사라지게 할 수 있을지에 대한 제안들도 아니고, 살아 계신 하나님이 악을 처리하시는 한 사건에 대한 이야기입니다. 이야기 속에서 우리는 고대의 출애굽 이야기와 바빌론으로부터의 귀환 이야기의 메아리를 듣게 됩니다. 초기 그리스도인들, 곧 신약 성경의 저자들과 그 이후로 2, 3, 4세기 예전적 전통을 발전시켰던 사람들이 그 두 사건으로부터 십자가 상에서 일어난 일을 설명하는 심상을 발견했던 것도 놀라운 일은 아닐 것입니다. 그들은 하나님이 이런 방법으로 자신의 백성을 그들을 사로잡고 있는 악으로부터 구출하신다고 말합니다. 그리고 하나님은 마치 순교자들을 통해 일하셨던 것과 같은 방식으로, 하지만 훨씬 더 확실하게, 이스라엘의 대표자의 고난을 통하여 그 일을 행하십니다. 이것이 바로 여호와께서 출애굽기 3:7-8에서 "내가 내 백성의 부르짖음을 들었고, 그들을 해방하려고 내려왔다"라고 말씀하실 때 드러났던 뜻입니다. 또한 이것이 바로 여호와께서 "나의 종을 보라"라고 말씀하실 때 드러났던 뜻입니다. 이사야가 나중에(59장) 말한 것처럼, 그 사람은 메시지를 전하는 사람도 아니고, 천사도 아니며, 그들을 구원하시는 하나님 자신의 임재입니다. 그들의 모든 고통 안에서 그분이 고통을 받으셨습니다. 그리고 그 모든 것의 결과는 언약의 갱신입니다. 이제 죄는 사하여졌습니다. 긴 슬픔의 밤, 포로됨, 죽음은 끝이 났고, 새로운 날이 동터 온 것입니다.

그러므로 복음은 세상의 위대한 문학들과 위대한 종교 이론들과 비전들 가운데 우뚝 솟아 있는 한 이야기를 말하고 있습니다. 그 이야기는 창조주 하나님이 피조세계의 문제들이 짓누르는 무게를 자신의 어깨에 짊어지심으로써 피조세계에 일어난 일에 대해 책임을 지신 이야기입니다. 시드니 카터(Sydney Carter)가 지은 훌륭한 노래 가사처럼 말입니다. "그들이 십자가에 못박아야 할 자는 너와 내가 아니라 바로 하나님이다(예수님과 함께 십자가에 못 박힌 강도가 하나님을 원망하며 외치는 말―역주)." 또한 오래된 한 전도

소책자에는 이런 내용이 쓰여 있습니다. "세상 나라들이 세상의 모든 악에 대해 하나님을 심판하려고 한자리에 모였지만 그들은 하나님이 이미 그 형벌을 받으셨음을 깨닫고 깜짝 놀랐다."

결과들: 속죄와 악의 문제

그렇다면, 속죄에 관한 질문과 악의 문제 사이에는 어떤 관련성이 있을까요?

먼저 언급해야 할 점은, 속죄의 이론들이란 모두 실제 사건들을 추상화한 것이라는 점입니다. 사건들은 시간과 공간 안에서 피와 살이 개입되어 일어난 일들이며, 이론을 통해 이해하려고 시도하지만 이론으로는 대체될 수 없는 실재입니다. 사실, 이론보다는 이야기가 사건에 더 가깝습니다. 우리는 이야기를 통해 중요하게 여기는 실재인 사건을 접하기 때문입니다. 그리고 우리는 현재 일어나는 다른 사건들을 통해서 실재에 더 가까이 다가가게 됩니다. 즉, 우리는 예수님이 스스로 자신의 죽음에 대한 해석을 주셨던 그 식사를 반복하는 성찬식이나, 치유, 사랑, 용서의 행위들을 통해 여전히 깨져 있는 이 세상 속에서 예수님의 죽음을 신선한 실재로 경험하게 됩니다.

이제 우리는 잘 알려진 속죄 이론 하나를 살펴볼 수밖에 없습니다. 이 이론은 하나님이 예수님의 죽음을 통해 어떻게 악을 다루시는가를 설명하는 이론입니다. 이 이론은 사건이나 이야기를 대치하는 것이 아니며, 또한 다른 모든 이론을 물리치는 유일한 이론도 아닙니다. 단지 다른 것들보다 문제의 핵심을 향해 더 가까이 접근할 수 있도록 도와주는 것입니다. 제가 말하려는 것은 승리자 그리스도라는 주제로서, 십자가 위에서 예수님이 악의 권세를 이기셨다는 믿음입니다. 이 주제가 제자리를 찾으면, 다른 이론들도 제 자리를 찾을 수 있을 것입니다. 바울의 관점에서 볼 때, 예수님의 죽음에는 분명히 법적인 또는 형벌적인 요소가 있습니다(예를 들어, 롬 8:13에서). 죄에 대한 하나님의 절대적인 거부는 이스라엘의 대표요 따라서 온 세상의 대표이신 메시아 위에 표현되었습니다. 바로 이 지점에서, 선과 악을 가르는 선이 나와 우리 각 사람 모두를 가르고 지나간다는 인식과 예수님의 죽음이 '나를 위한' 것이며 내가 있어야 할 자리에서 나를 대신하신 것이라는 복음의 선포가 교차합니다. 왜냐하면, 그분은 메시아로서 이스라엘과 세상의 대표자이시므로 모두를 위한 대역이 되실 수 있기 때문입니다. 바울은, 하나님이 우리를 위하여 죄를 알지도 못한 자를 죄가 되게 하시고, 우리를 대신하여 속죄 제물이 되게 하셨다고 기록합니다(고후 5:21). 그러므로 신약 성경 전체에서 이 죽음은 사랑의 행위로 간주됩니다. 그것은 예수님 자신의 사랑의 행위이기도 하고(갈 2:20), 하나님 자신을 몸으로 표현한 존재인 예수님을 보내신 하나님의 사랑의 행위이기도 합니다(요 3:16; 13:1; 롬 5:6-11; 8:31-39; 요일 4:9-10). 이런 것들 안에서, 우리는 예수님의 고난과 죽음이 단순히 근거가 아니라 실행이며, 우리가 사랑을 받은 자들로서 어떻게 서로에 대한 사랑을 실천하도록 부름 받는지 보여 주는 모범이었음을 깨닫습니다.

이 모든 것에서 우리는 지금 우리가 있는 곳이 종말론의 영역임을 기억해야만 합니다. 우리는 지금 역사 속에서 절정의 순간을 향하여 진행하고 있는 하나님의 목적들에 대해 말하고 생각하고 있습니다. 다른 말로 하면, 십자가 위에서 이루어진 일은 시공간적 역사의 실재들로부터 멀리 떨어져 플라톤의 형상들(forms) 사이의 어느 곳에 자리잡은, 무시간적이며, 추상적인 성취가 아니라는 것입니다. 하나님이 결국 새로운 세상을 만드실 것이며, 그 곳에서는 더 이상 고통과 눈물이 없을 것이라고 말하는 것으로는 불충분합니다. 그런 해결책이 제공하는 정의(正義)는 이전에 지나간 모든 악에 비하면 턱없이 부족합니다. 또한, 우리는 단순히 진보를 통해서도 악의 문제에 대한 완전한 해결책에 도달할 수 없습니다. 그것은 마지막 세대만 행복해지면 모든 이전 세대의 비참함이 간과될 수 있다거나, 심지어는 정당화될 수 있다고 생각하는 것입니다(어느 찬송가 가사에는 이런 끔찍한 내용도 나옵니다. "그 때 그들은 알게 될 것이다. 그를 사랑하는 사람들에게는 그 모든 고통이 선한 것이었음을." 이것은 어깨를 으쓱해 보이며 악을 묵인하는 것이며, 신약 성경은 확실히 그런 태도를 용납하지 않습니다). 절대로 그렇지 않습니다. 악의 문제를 적절히 다루는 모든 속죄 이론은 뒤를 돌아보는 차원(이전 세대의 모든 죄책과 죄와 수치가 십자가 위에 쌓인 것을 보는 것)과 앞을 내다보는 차원, 즉 하나님이 갈보리에서 성취하신 것이 온전하게 최종적으로 구현될 것이라는 약속을 모두 포함하고 있어야 하기 때문입니다. 그렇지 않다면, 십자가는 단순히 공허한 몸짓이 되며, 누군가가 어쩌다가 그것을 보게 되거나 그것에 의해 특정한 방식으로 행동하도록 영향을 받지 않으면 전혀 효력을 내지 못하는 것이 되어 버리고 맙니다.

바로 이 부분이 십자가의 인격적인 의미가 분명히 드러나는 부분입니다. 하나님이 제 안에서 은혜의 사역을 완성하시면, 이렇게 비참한 죄인인 저조차도 전적으로 죄 없게 되는 때가 올 것입니다. 그러나 저는 이 미래의 사실을 바라보면서, 예수님이 십자가 위에 '들리고' '영화롭게' 되심으로써(요 7:39; 20:22) 현재 우리가 누릴 수 있게 된 용서와 성령 안에서의 새로운 삶을 이미 맛보고 있습니다. 그리고 성찬식과 십자가가 성례전적으로 확고하게 연결되어 있음을 받아들인다면, 우리가 예상할 수 있는 것처럼, 성찬식은 첫 번째 것(용서)을 구체화하고 표현하는 것이며 두 번째 것(성령 안에서의 새로운 삶)을 가능하게 하고 강화하는 것입니다. 성 금요일에 담겨 있는 인격적인 메시지는, 고난받는 종(사 53장)에 대한 예언과 그 예언의 성취라는 주제에 근거를 둔 수많은 찬송가와 기도문 안에서 이런 식으로 표현됩니다. "너의 모든 죄악이 예수 위에 놓인 것을 보라." "하나님의 아들이 나를 사랑하셨고 나를 위해 자신을 바치셨다." 또는, 주의 만찬에서 예수님이 하신 말씀들, 곧 하나님이 성 금요일 자체에 관하여 하신 말씀에는 이렇게 표현되었습니다. "이것은 너희를 위해 준 내 몸이다." 우리가 오늘과 내일의 죄악들에 대해 이 내용을 개인적으로 적용한다면, 죄가 모두 처리되었기에 마음껏 죄를 지어도 좋다는 식의 결과가 나오지는 않을 것입니다. 오히려 우리는 세상에서 가장 강력한 사랑에 의해, 그리스도인의 일상생활에서 최후의 승리에 대한 분명한 소망을 품고, 죽음과 부활, 회개와 용서를 중심 패턴으로 삼는 삶을 살라는 부름을 받게 됩니다. '악의 문제'는 단순히 또는 순전히 '우주적'인 문제가 아닙니다. 그것은 또한 '나에 관한' 문제이기도 합니다. 하나님은 그 문제를 자신의 아들, 곧 메시아의 십자가 위에서 처리하셨습니다. 그것이 어떤 기독교 전통이 십자가 자체를 받들게 된 이유입니다. 이것은 마치 사랑하는 사람이 발을 딛고 다니는 땅을 경배하는 것과도 같습니다. 십자가는 하나님이 우리를 최고의 사랑으로 사랑하신 장소이며 수단입니다.

우리는 마지막 두 장에서 용서의 의미를 좀더 깊이 탐구해 볼 것입니다. 그러나 지금은 악의 문제의 더 큰 차원들로 돌아가서 첫 장에서 상세히 설명했던 것처럼 십자가가 어떻게 우리로 하여금 신선하게 그 문제에 접근하게 하는지를 살펴볼 때인 것 같습니다.

저는 앞에서 악에 대한 피상적인 분석과 그런 분석이 낳는 미성숙한 반응들에 대해 언급했습니다. 복음서에 나타난 가장 잘 알려진 '속죄' 본문이, 정치권력의 본성에 관한 예수님의 신랄한 말씀과 그 권력의 본성이 복음서 사건들에 의해 뒤엎어지는 맥락 속에 자리잡고 있다는 것은 매우 흥미롭습니다. 예수님이 왕권을 얻게 될 때 그분의 좌우에 앉게 해 달라는 야고보와 요한의 요청은(막 10:35-45) 정치적인 문제였고, 예수님은 그에 대해 정치적인 대답을 주셨습니다. '지상의 통치자들은 그들이 다스리는 자들 위에 군림하지만, 너희끼리는 그래서는 안 된다. 큰 자는 종이 되어야 하고 높은 지위에 있는 자는 모든 이의 노예가 되어야 한다. 인자는 섬김을 받으러 온 것이 아니라 섬기러 왔고, 자신의 목숨을 많은 사람의 대속물로 주려고 왔기 때문이다'(사 53장). 사실, 정확히 말하면 40-55장 전체를 떠올리게 하는 이 말씀은 제국에 대한 정치적 분석의 한가운데에 자리잡고 있으며, 어떻게 이스라엘—하나님이 세상의 악의 문제를 다루고 해결하려 하시는 수단인 민족—의 모든 전통이 바빌론과 그 질서를 뒤엎어 놓을 지점에 도달했는지를 보여 줌으로써 제국을 전복시킵니다. 우리는 같은 요점을 누가복음 9:54에서도 보게 됩니다. 그 곳에서 야고보와 요한은 세상의 방식으로, 즉 원수들의 머리 위로 하늘로부터 불을 내림으로써 일을 처리하고 싶어 합니다. 그들을 향한 예수님의 꾸짖음은 누가복음 23:34의 "아버지여, 저들을 용서하시옵소서"라는 기도와 직접 연결됩니다.

그렇다면, 그 결과는 무엇입니까? 복음은 교회로 하여금 고난받는 사랑을 통하여 하나님의 승리를 이 세상에 구현하라고 요청합니다. 십자가는 그저 따라야 할 모범에 그치지 않습니다. 그것은 실천을 통해 완성해 나가야 할 성취된 승리입니다. 물론 그것은 모범이기도 합니다. 그것은 하나님이 지금 세상에서 성령으로 자기 백성을 통하여 행하시려는 일을 보여 주는 전형이요, 본보기며, 모델이기 때문입니다. 십자가는 구속 과정의 출발점이며, 고난과 순교는 이 과정에서 승리를 얻어내는 역설적인 수단이 됩니다. 다음 두 장에서 우리는 다시 이 주제를 다룰 것입니다.

어떤 사람은 이렇게 질문할지도 모릅니다. 만약 해결책을 가진 사람들 자신이 예전처럼 문제의 일부가 되어 버리면 어떻게 되는가? 그렇습니다. 그것은 반드시 다루어져야 할 문제입니다. 교회가 자신을 단순히 해결책을 가진 존재로 볼 때 교회는 가장 커다란 위험에 처하게 됩니다. 그러므로 교회는 자신도 항상 '주여, 이 죄인을 불쌍히 여기소서'라고 기도해야만 하며, 그 고백의 기도가 진정한 겸손으로 드러나도록 해야만 한다는 것을 잊지 말아야 합니다. 이것은 교회가 세상과 세상의 미친 제국들 앞에 담대히 서 있을 때마저도 기억해야만 하는 일입니다. 이런 문제는 특히 '기독교' 제국이 이원론적으로 세상의 다른 편을 '악'으로 규정하고 자신을 하나님의 복수의 군대로 간주하면서 세상을 향해 자신의 뜻을 강요하려 하기 때문에, 그리고 강요하려 할 때 빈번히 발생하는 일입니다. 그것은 예수님이 당시의 이스라엘 안에서 발견하셨던 것과 거의 일치하는 태도이기도 합니다. 십자가는 과거나 현재나 다른 소명으로의 부름입니다. 그것은 전적으로 악을 다루는 새로운 방법이며, 궁극적으로는 하나님의 새로운 비전입니다.

무엇보다도, 만일 하나님이 악을 처리하시려고 진짜 나타나신다면 하나님의 현현은 어떤 모습일까요? 불과 구름 기둥 속에서 휘황찬란한 영광을 나타내며 군대처럼 많은 천사에 둘러싸여 나타나실까요? 매우 대담하게도, 나사렛 예수는 이 질문에 대한 대답이 다음과 같을 것임을 암시하는 말과 행동을 했습니다. "진짜 하나님이 악을 처리하시려고 돌아오실 때에 그분은 유월절 기간에 예루살렘으로 순례를 온 젊은 유대인 예언자 같을 것이다." 그분은 하나님 나라를 경축하고, 부패한 관료들과 맞서고, 친구들과 함께 잔치를 즐기며, 자신에게 주어진 잔인하고 불의한 숙명에 대해 기도와 고민으로 굴복하며, 이스라엘의 죄, 세상의 죄, 그리고 궁극적인 악(Evil)의 모든 무게를 자기 몸으로 짊어지실 것입니다. 예수님을 이런 식으로 바라볼 때, 우리는 십자가가 우리를 위한 새로운 성전이 된다는 것을 발견하게 됩니다. 성전은 우리가 진짜 하나님을 만나는 장소이며, 하나님이 구원자이시고 구속자이심을 알게 되는 자리입니다. 십자가는 우리 각자를 위해 이루어진 일을 서서 바라보는 순례의 장소가 됩니다. 십자가는 순전히 폭압적인 힘에서 나오는 강함과 능력(power)으로 상징되는 이방 제국이 결정적인 도전을 받아 무너지게 되었음을 보여 주는 표지가 됩니다. 그런 도전은 전혀 다른 능력 곧 사랑의 능력으로부터 오며, 그 능력이 결국은 모든 사람의 인정을 받게 될 것입니다.

그렇다면 이제 우리 앞에 한 가지 질문이 매우 강력하고 분명하게 제시됩니다. 우리는 정말로 십자가 앞에 서서 그 모든 것이 우리를 위해 행해진 것임을 시인할 것인가? 우리는 정말로 '하나님'이라는 말의 의미를 그대로 모두 수용하면서, 그 의미가 이 사람과 이 순간과 이 죽음 위에 다시 집중되게 하고, 또 재정의되게 할 것인가? 우리는 정말로 예수님 자신의 말씀의 귀결들을 받아들일 것인가? 하는 질문입니다. 그것은 세상의 통치자들이 같은 길로 행할 때 우리는 그들의 길로 행하지 않아야만 함을 의미합니다. 우리는 정말로 이렇게 속죄 신학과 정치 신학을 하나로 결합하여, 한편으로는 심오한 인격적인 메시지를 붙들고, 다른 한편으로는 전적으로 실제적이고 정치적인 메시지를 붙잡으면서, 야고보와 요한의 길로부터 돌이켜서 예수님 자신의 길을 끌어안을 것입니까? 저는 우리가 그렇게 함으로써만 비로소 앞으로 남은 두 장에서 다룰 과업을 시작할 수 있다고 믿습니다. 이 과업이란, 우리의 시대에 성숙하고 기독교적이고 맑은 지성을 가지고 하나님이 너무도 사랑하시고 메시아가 자신의 목숨까지 내주었던 세상을 지금도 괴롭히는 악의 문제를 처리하는 것입니다.

4. 악이 없어진 세상
_ 해방된 세상에 대한 하나님의 약속

들어가는 말

제1장에서 저는 지난 세기 동안 제기되었던 많은 사람의 신념에도 불구하고 악은 강력하게 실재하며, 그리고 이 사실을 인식하지 않음으로써 우리는 갑작스럽게 다시 나타난 거대한 악에 대해 미성숙하고 현명하지 못한 방식으로 대응했다고 주장했습니다. 두 번째 장에서는, 악에 대한 전형적인 성경적 접근법을 살펴보았고, 구약 성경이 들려주는 이스라엘의 이야기가 심오한 양면성이 담긴 하나님의 계획에 대한 이야기임을 지적했습니다. 이 이야기 속에서 창조주 하나님은 악을 처리하시고자 자신이 지으신 세상에 직접 개입하시며, 더 구체적으로는, 한 백성을 부르셔서 그들을 통해 악의 문제를 다루시고 처리하고자 하십니다. 제3장에서 제가 주장한 내용은, 네 명의 정경 복음서 저자는 각자 다른 방식으로 예수님과 그분의 죽음 이야기를 기록하면서도 모두가 그 사건을 이스라엘 이야기의 절정으로 부각하며, 그러므로 그 사건을 정치적인 악

과 우주적인 악이 한 곳에 집결하여 하나님의 아들을 죽임으로써 스스로 소진되는 자리로 부각한다는 것이었습니다. 그러므로 저는 복음서들이 본질적으로 비역사적인 실체인 구원에 대한 역사적 배경을 제공하는 것이 아니라, 악으로 하여금 성육신한 자신에 대해 최악의 일을 행하도록 허용하심으로써 모든 수준의 악을 처리하신 하나님의 행동에 대한 이야기를 제시한다고 주장했습니다. 물론, 십자가에 대한 이런 이해는 그분의 순종적인 죽음을 통해 얻어진 예수님의 성취가 가시화되기 시작하는 부활절의 관점을 통해서만 얻어질 수 있습니다. 이는 마치 계곡에 서 있는 사람들의 눈앞에 짙고 어두운 구름 속에 감추어져 있던 거대한 산이 서서히 모습을 드러내는 것과도 같습니다.

이제 마지막 두 장에서 저는 하나님의 계획 속에서 이 결정적인 성취가 어떻게 효력을 발휘하게 될지를 보여 주는 밑그림을 그릴 것입니다. 초기 그리스도인들에 의하면 예수님이 죽음과 부활을 통해 성취하신 일은, 하나님의 궁극적인 목적인 세상에서 모든 악을 제거하고 정의롭고 아름답고 평화로운 새 세계를 세우시는 일을 성취하는 기초며 모델이고, 또한 그 목적이 반드시 성취될 것이라는 보증입니다. 그리고 처음부터 이것이 그저 수동적 기다림만을 강요하는 머나먼 목표로서 제시된 것이 아님은 분명합니다. 하나님의 미래는 예수님 안에서 이미 현재 속으로 침투해 들어왔습니다. 특히, 교회에 주어진 과제는 그 성취를 구체적으로 나타내며(implementing), 그러므로 그 미래를 앞당겨 실현하는(anticipating) 것입니다. 지난 몇 년간 저는 교회에 주어진 과제를 이렇게 종말론적인 틀 속에서 이해하는 것이 우리가 지금 여기서 행해야만 하는 일의 도전과, 가능성과, 한계를 이해할 수 있는, 제가 아는 한 가장 좋은 방법임을 발견했습니다.

그러므로 이 장에서 저는 특별히 십자가의 성취를 구체적으로 나타내고, 하나님이 약속하신 미래 세계를 앞당겨 실현하는 이중적인 과업을 실행하는 몇 가지 방법을 모색하려고 합니다. 우리는 이 과업을 개인적인 삶—이것은 마지막 제5장의 주제가 될 것입니다—에서뿐만 아니라 더 넓은 세상—우리의 정치인들과 미디어가 악이 존재한다는 사실을 갑자기 재발견하였지만 어떻게 대처해야 할지는 미처 알지 못한—에서 실행해야만 합니다. 지난 두 장에서 제가 제시한 것처럼, 우리는 우리가 '속죄 신학'이라고 부르는 것을 하나의 상자에 넣어 놓고(그것이 개인적인 죄로부터 개인적으로 구원받는 문제라고 보며), 소위 자연적인 악과 일반적인 세상의 악함을 포함하는 '악의 문제'는 다른 상자에 넣어 두는(그 문제가 성경이 실제로 말하는 이야기와는 별로 큰 관련이 없고 선한 창조주와 관련된 철학적이거나 논리적인 문제라고 보는) 경향이 있습니다. 그런 태도의 허를 찌르고자 하는 목적에서, 저는 마지막 두 장의 순서를 정하였습니다. 먼저 세상과 관련된 거시적인 그림을 그리고 난 후, 우리가 어떻게 하나님의 용서를 받아들이고 다른 사람에게 전달할 것인가 하는 좀더 개인적인 질문을 다룰 것입니다. 따라서 이 두 개의 장은 서로 꼭 들어맞는 짝이라고 할 수 있습니다. 남아프리카의 데스몬드 투투 주교가 생생하게 보여 주었듯이, 하나님의 용서를 전달하는 일은 지금까지 인류에게 알려진 것 중에서 가장 희망스러운, 공동체 회복과 치유의 표지입니다.[8] 그러므로 우리는 세계 전체를 바라보는 더 큰 그림에서 시작하고, 그 안에서 개인적인 화해와 관련된 질문에 적절한 위치를 부여할 것입니다.

저의 출발점과 방법론에 관하여 한 마디 덧붙인다면, 이 장의 제목에서도 이미 드러났지만, 저는 이제 이야기의 마지막 부분으로 뛰어넘어가서 그 곳에서부터 거꾸로 돌아오려고 합니다. 지금까지 우리는 구약 성경의 이야기를 따라 앞쪽으로 진행해 왔고, 예수님과 그분의 죽음과 부활 안에서 그 이야기의 절정을 만나게 되었습니다. 그 절정 부분은 우리가 지금 어디에 있고 무엇을 해야 하는지에 대한 모든 기독교적 사고의 토대가 됩니다. 그러나 단순히 우리가 그 지점에서 출발하여 앞쪽으로만 길을 더듬어 나가며 그런 토대적인 사건들이 어떻게 그리스도인들이 세상 속에서 감당해야 할 과업들을 제시하는지 발견하려 한다면, 우리는 점점 수렁으로 빠져들고 말 것입니다. 그러므로 신약 성경은 핵심 본문 두세 곳을 통해, 온 세상이 악으로부터 해방될 궁극적 미래에 대한 약속을 가리켜 보이고, 우리로 하여금 그 약속을 마음과 생각 속에 굳게 붙듦으로써 우리가 지금 어디로 가고 있는지를 인식하게 해줍니다. 다시 한 번 말하지만, 우리는 예수님의 성취를 구체적으로 나타내고 궁극적으로 완성될 하나님의 세계를 앞당겨 실현할 과업을 받았습니다. 이미 우리는 예수님의 성취가 무엇이었는지를 살펴보았으므로, 이제는 궁극적으로 완성될 세계를 살펴볼 차례입니다. 이제부터 악이 사라진 세상을 상상해 보겠습니다.

세속주의를 찬양하는 존 레논의 유명한 노래(Imagine을 말함—역주)를 패러디하여 말한다면, 그 노래 가사와 달리, 그것은 '한번 해 보면 쉬운 일'(easy if you try)이 아닙니다. 우리가 악이 완전히 제거된 세상이 어떤 모습일지 상상하기 어려운 이유는, 바로 악에 대한 우리의 생각 자체가 매우 혼란스럽기 때문입니다. 학창시절에 한 선생님이 하나님 나라가 오게 된다면 세상이 어떻게 변할지를 상상해 보고 글로 써오는 숙제를 내주셨던 기억이 납니다. 한 친구는 사람들이 돈을 벌거나 세상에서 성공하려는 동기가 없어질 것이므로 세상이 제대로 돌아가지 않을 것이라는 냉소적인 주장을 폈습니다. 과연 우리는 어떻게 하나님이 약속하신 궁극적인 미래에 대해 좀더 창의적으로 상상할 수 있을까요?

물론, 단순하게 테러리스트와 독재자가 없고, 공산주의와 부패가 없는 세상을 상상하는 것만으로는 충분하지 않습니다. 그런 생각은 제가 제1장에서 밝혀 내려고 한 피상적인 이원론적 사고를 드러낼 뿐입니다. 관점을 뒤집어서 자본주의가 없어지고 부자들이 가난한 사람들을 착취하지 않으며, B-52 폭격기와 지뢰가 사라지고, 공해 문제와 세상 절반이 갚을 수 없는 빚에 시달리는 문제가 없어진 세상을 상상하는 것으로도 충분치는 않습니다. 비록 악이 없어진 세상에 대해 상상해 보라면 이런 것들을 모두 소원 목록에 포함할 사람들이 세상에 수백만 명이 있겠지만, 이런 상상들 속에는 우리와 그들을 분리하고, '우리의' 삶의 방식은 '선하고' '그들의' 삶의 방식은 '악하다'고 말하는 이원론의 위험이 도사리고 있습니다. 그리고 이런 사고는, 공간과 시간과 물질의 세상은 악하고 순수한 영의 세계만이 선하다고 말하는 존재론적인 이원론에 비해서도 궁극적으로는 별로 도움이 되지 않습니다. 존재론적 이원론의 관점에서 보면, 악이 없는 세상이란 몸을 벗어난 영혼들이 무시간, 무공간의 구름 위에 앉아서 비물질적인 하프를 켜는 곳일 것입니다. 그런 장면을 상상하는 것은 결코 쉽지 않습니다. 그러나 다행스럽게도 그런 상상이 우리에게 주어진 과제는 아닙니다.

　마찬가지로, 악이 없는 세상이 단순히 자연적인 과정이 진행되어 세상이 점점 좋아지는 방향으로 나가면 도달할 수 있는 곳이라고 상상해서도 안 됩니다. 또, 악이 없는 세상은 그저 우리가 조금만 더 열심히 일하면 금방 도착할 수 있는, 바로 다음 골목에서 우리를 기다리는 유토피아가 아닙니다. 제가 앞에서 언급한 대로 이런 진보의 신화는 계속 존속해 왔고, 지난 세기에 일어난 그 모든 끔찍한 일에도 불구하고 아직도 존속하고 있다는 것은 정말 놀라운 일입니다.

　그러나 아마도 이런 잘못된 인식들, 즉 이원론적인 관점이나 진보주의적인 관점이 우리 세계의 사람들이 실제로 행동하고 삶을 살아가는 방식에 어떤 영향을 끼쳐 왔는지를 인식하는 것이 중요할 것입니다. 만일 당신이 이원론자라면, 세상을 바꾸기 위해 지금 우리가 할 수 있는 일은 별로 없을 것입니다. 이 악하고 어두운 눈물 골짜기에서는 주님이 다시 오실 때까지 모든 일이 지금처럼 계속될 것이기 때문입니다. 그러므로 사태를 개선하려는 마음을 품어서는 안 될 것입니다. 그런 노력은 기껏해야 금방 벼랑에서 떨어질 차를 고치는 격이기 때문입니다(이것은 극단적인 마르크스주의자들의 태도와도 유사합니다. 그들은 노동자들의 상황을 개선하는 것에 반대했는데, 그런 노력이 단지 혁명을 지연시킬 뿐이기 때문입니다). 이런 식의 이원론은 주교들이 단골로 빠지게 되는 어떤 종류의 편집증을 낳습니다. 모든 체제는 부패했고, 국회와 공영 방송과 극장과 프리메이슨과 기타 등등이 모두 거대한 음모를 꾸미고 있으며, 그 음모의 촉각은 심지어 교회 내에까지 침투해 있다는 것입니다. 그러므로 우리가 해야 할 일은 싸우고, 발로 차고, 비명을 지르는 것입니다. 하지만, 무엇보다 궁극적으로 필요한 것은 하나님과 악 사이의 막판 대결입니다. 이런 생각은 악마적인 것에 대한 특정한 관점으로 쉽게 변장하고 나타나곤 합니다. 잠시 후에 우리는 이 문제로 다시 돌아올 것입니다.

하지만, 진보주의자는 아주 다른 관점을 취합니다. 모든 것은 점점 나아지고 있으며, 그러한 개선이 일어나는 것은 다양한 종류의 진화를 통해서라는 것입니다. 제1차 세계대전을 정당화한 것은 바로 이런 원리였습니다. 즉, 적자생존이 정말로 중요한 원칙이라면, 우리에게 필요한 것은 가장 잘 적응한 사람만 생존할 수 있도록 솎아내 주는 선한 전쟁이라는 것입니다. 같은 시기에 비슷한 논리에 의해, 북아메리카의 인디언 부족들에 대한 인종청소도 자주 정당화되었습니다. 그리고 이것은 연이어 제국에 대한 새로운 종류의 합법화를 낳았습니다. 세계가 진보하고 있다면 그리고 어떤 식으로든 하나님이 이 진보하는 세계를 통해 일하고 계신다면, 새롭게 등장하는 제국들은 하나님이 일하신 결과임이 틀림없습니다. 그렇다면 당신은 왜 명백히 하나님이 행하시는 일에 동참하고 그것을 지원하지 않는가 하는 이런 논리가 수많은 독일인을 설득하여 1930년대에 독일기독당(the Deutsche Christen party), 혹은 소위 '독일기독교인'(German Chirstians)에 참여하게 했던 것입니다. 사람들은 하나님이 독일을 일으키시고 세계의 새로운 강대국으로 만드셨다고 말했습니다. 칼 바르트(Karl Barth), 디트리히 본회퍼(Dietrich Bonhoeffer), 에른스트 케제만(Ernst Käsemann)과 같은 사상가들은 바로 이런 생각에 대해 반기를 들었던 것입니다.

그러나 오늘날 우리는 이와 유사한 논리가 급기야 새로운 종류의 세계 제국, 곧 족쇄가 풀린 자본주의의 성장과 이로 인한 거대한 세계 부채로 특징지워지는 제국을 합법화하기에 이르는 것을 목도하게 됩니다. 소위 자유세계가 세계의 다른 나라들을 향해 자유를 전파해야 할 '명백한 소명'(manifest destiny)을 받았다는 믿음은 미국의 여러 곳에 널리 퍼져 있고, 심지어 교회의 설교단에서도 선포되고 있습니다[2002년 9월 저는 워싱턴 성당(Washington National Cathedral)에서 미사여구로 이런 내용이 읊어지는 것을 들었습니다]. 이 또한 사람들을 너무도 쉽게 전쟁과 전쟁의 소문으로 이끌었습니다.

저는 이 장에서, 세계 역사에 대한 그리스도인의 비전은 악의 문제에 대하여 다른 길, 즉 예수님의 죽음과 부활에 근거한 길을 제시한다는 점을 주장하고 싶습니다. 우리가 악이 제거된 세상을 앞당겨 실현하며 그리스도의 성취를 구체적으로 나타내려 한다면, 우리는 이원론자나 진보주의자의 접근법이 아닌 다른 접근법을 받아들여야 할 것입니다. 그러나 그 주제로 나아가기 전에, 우리는 많은 신학자가 우리 세계의 구조들 내부와 배후에서 포착한 악의 권세들, 감추어진 힘들에 대해 몇 가지를 짚어 두어야만 합니다. 이것은 어려운 주제며 가볍게 다루어서는 안 될 내용입니다. 하지만 이 곳에서는 충분한 길이로 상세히 다루어야 할 주제를 몇 마디로 요약하는 데 그치려 합니다.

막간: 권세들에게 이름 붙이기

악에는 감추어진 차원이 있고, 드러난 부분 이상의 무엇이 있는 것이 분명합니다. 저는 이 추가적인 요소 속에, 기술하기는 어렵지만 결코 실재가 아니라고 말할 수는 없는 힘 또는 힘들이 포함된다고 믿습니다. 현대 물리학에서도 이와 유사한 특성의 대상을 다루었던 경우가 종종 있었습니다. 만일 과학자들이 우주 내 '블랙홀'의 존재를 100년 전에 주장했더라면, 말도 안 되는 이야기로 여겨져 일축을 당했겠지만, 지금 우리는 이것이 관찰 자료를 설명하는 유일한 방법임을 받아들이고 있습니다. 왜 다른 영역의 담론에서는 비슷한 일이 일어날 가능성이 배제되어야 하겠습니까?

구약 성경에서(우리가 앞의 여러 단계에서 제시한 요점들을 반복하면서 발전시킨다면) 우리는 때때로 '사탄', 히브리어로는 '하 사탄'(*Ha Satan*)이라고 불리는 존재를 만나게 됩니다. 그 단어 자체는 '고소자'라는 의미를 갖고 있습니다. 그리고 욥기의 시작하는 장에서 이 존재는 하나님의 하늘 법정에서 일종의 차관급으로 등장합니다. 말하자면, 그는 기소를 맡은 검찰총장처럼, 범죄자를 색출하여 재판정에 세우는 일을 합니다. 욥의 경우, 사탄은 자신이 욥을 거의 범죄를 저지를 수밖에 없는 상황으로 몰아가도록 허락해 달라고 요청합니다. 욥기에서 욥은 많은 것을 행하지만, 사탄이 바라는 것처럼 하나님을 저주하는 범죄를 저지르지는 않습니다. 의미심장하게도, 욥기의 마지막 부분에서 많은 사람이 말을 하지만 사탄의 목소리는 들리지 않습니다. 우리가 그를 다시 만나게 되는 것은 역대기에 기록된 다윗의 인구조사 이야기와(대상 21:1), 스가

랴 3:1에서 그가 고소자로 등장하는 장면에서입니다. 우리는 그의 숨결을 창세기 3장의 이야기뿐 아니라 다니엘서의 묵시적 환상에 등장하는 바다에서 올라오는 괴물들에게서도 느낄 수 있습니다. 사탄은 사람이 아닌 천사와 같은 어떤 존재인 것처럼 보입니다. 아마도 어떤 장면에서는 과거에 천사였던 존재거나 타락한 천사로 등장하는 것 같습니다. 그 혹은 그것은(어쨌든 페미니스트들도 사탄을 '그녀'라고 불러야 한다고 주장한 적은 없습니다) 인류를 적대시하는 존재로 나타나고, 그러므로 이스라엘의 적이며 또한 놀라울 것도 없이 예수님의 적으로 등장합니다. 성경에서 사탄이 등장하는 장면 중 가장 잘 알려진 것은 마태복음 4장과 누가복음 4장에 나오는 유혹 이야기입니다. 그 이야기 속에서 예수님은 광야에서 이스라엘이 받았던 시험과 에덴동산에서 아담과 하와가 받았던 시험을 재연하십니다. 그리고 이번에는 이스라엘이 (그리고 인류가) 실패했던 일에서 성공을 거두십니다.

사탄은 단지 인류와 이스라엘과 예수님만이 아니라 피조세계 자체를 적대시하는 것처럼 보입니다. 사탄은 하나님의 과업이며 하나님이 참 좋다고 말씀하신(창 1:31) 세계를 파멸하려고 계속 애를 씁니다. 반면에 성경 저자들에 의하면, 이 세계는 파멸되어야 하는 것이 아니라 개작(remaking)되어야 합니다. 다른 말로 하면, 사탄의 최고 목표는 인간의 죽음과 피조세계 자체의 죽음입니다. 그리고 사탄이 인간과 세계를 죽음으로 몰아넣고자 선택한 수단은 죄입니다. 인류의 죄는 하나님의 형상을 세상을 향해 비추라는 소명에 대해 반발하고, 창조주 하나님을 경배하기를 거부하는 것이기 때문입니다. 그리하여 하나님에 대한 경배는 창조 질서의 어떤 요소를 경배하는 것으로 대치되었고, 하나님의 소명을 저버린 피할 수 없는 결과는 하나님의 형상을 반영한 인간성의 상실이었습니다. 죽음은 죄에 대해 멋대로 설정된 벌이 아니라 필연적인 결과입니다. 생명의 하나님으로부터 돌아서는 것이 우상 숭배를 낳고, 우상 숭배는 잠수부가 스스로 자신의 호흡관을 잘라 버리는 일이나 마찬가지 행위이기 때문입니다. 그러므로 성경이 제시하는 그림에 따르면, 사탄은 인간도 아니고 신도 아닌 유사 인격적인(quasi-personal) 힘으로, 일반적으로 피조세계를 그리고 특별히 인류를 공격하고 파괴하는 일을 합니다. 무엇보다도 사탄은 예수 그리스도와 성령님 안에서 그분들을 통하여 세계와 인간을 개작하시려는 하나님의 과업을 방해하는 일에 열중하고 있습니다.

C. S. 루이스는 유명한 저서 「스크루테이프의 편지」(*Screwtape Letters*, 홍성사 역간)에서 사람들이 마귀에 대해 생각할 때 상반되지만 똑같이 저지르기 쉬운 두 가지 실수가 있다고 말했습니다. 한편에서 사람들은 사탄을 너무 진지하게 취급한 나머지 그것을 하나님이나 예수님과 동등한 수준의 대적자로 상상하고, 모든 문제와 모든 고난과 불행의 배후에 사탄이 직접 영향을 끼치며 활동하고 있다고 생각합니다. 이런 위험은 아직도 우리 곁에 있습니다. 오늘날 어떤 사람들은 대부분의 목회 사역과 국가나 사회의 치유를 위한 실천적인 사역을 축귀(exorcism)의 관점에서 이해하고 있습니다. 저는 축귀가 적절한 자리를 차지해야 함을 확신합니다. 대부분의 목사들이 적어도 어떤 상황에서 축귀가 필요한지를 인식하고 있습니다. 그러나 저는 동시에, 마귀의 일에 대해 병적인 관심을 가지지 말고, 뒷산의 나무 뒤에서 언제라도 귀신을 만날 수 있을 것으

로 생각하지 말라는 루이스의 경고가 옳았다고 확신합니다.

루이스가 상상한 반대 극단의 실수는 사람들이 마귀에 관한 생각 자체를 비웃거나 조롱할 수도 있다는 것입니다. 그들은 머릿속에 빨간 스타킹을 신고 뿔과 발굽과 꼬리를 가진 존재를 떠올리며 킥킥거린 후, 마귀의 존재 문제는 결론이 내려졌다고 생각하거나 심지어 그런 것이 존재하지 않음을 증명했다고 생각합니다. 현대의 일부 예전(liturgy)에서 드러나는 마귀에 대한 언급들을 경시하는 경향의 배후에는 이런 태도가 있는 것 같습니다. 지난 세기의 많은 신학자가 마귀와 같은 존재들을 언급하는 것을 단순히 당혹스러운 일로 여겼습니다. 그리고 그런 태도는 무시해 버리기에는 너무 좌파인 몇몇 정치신학자가 자신들이 다루는 문제들을 그런 용어로 말하기 시작할 때까지 계속되었습니다. 이 문제에 관해서는 조만간 더 자세히 언급할 것입니다.

그러나 저는 사람들이 '사탄'에 대해 생각할 때 빠질 수 있는 또 다른 실수가 있음을 지적하고 싶습니다. 즉, 사탄에 관한 언어들을 단순히 우리 자신이 불편함을 느끼며 인정하고 싶지 않은 우리 자신의 성격(personalities)이나 정신(psyches)의 양상들을 가상적인 (아마도 '신화적인') 스크린 위에 투사한 것에 지나지 않는다고 생각할 위험이 있다는 것입니다. 칼 융(Carl Jung)의 통찰들을 소중히 여기는 어떤 사람들은, 우리가 자신의 '그림자 측면'(shadow side)과 친구가 되는 법을 배워야만 한다고 설득해 왔습니다. 그들은 우리가 지금 '악'이라고 부르는 것이나 사탄적인 것으로 여겨 피하려 하는 것을 단순히 우리의 온전한(full-orbed) 성격의 다른 측면—아마도 너무 창조적이기 때문에 위협이 되는 부분—으로 이해하려

했습니다. 이것은 흥미롭기도 하고 통전적인 측면이 있는 주장입니다. 그리고 적어도 마귀에 대한 어떤 언급들이 그저 그런 종류의 투사에 지나지 않는다는 주장은 진실일 것입니다. 그러나 성경과 여러 세기에 걸친 수많은 기독교 경험은(더 넓게 살펴보지 않아도, 우리는 유대교 안에서만 해도 많은 유사한 증거들을 발견할 수 있습니다) 모두 다른 주장을 하고 있습니다.

사실, 잘못된 인상들도 각각 진리의 알갱이들을 품고 있습니다. 성경에 그려진 사탄의 모습과 많은 영성 지도자가 사탄에 대해 경험하고 가르치는 내용에 따르면, 사탄은 한결같이 하나님을 대적하고, 특히 십자가에 못박히시고 부활하신 성육한 하나님이신 예수 그리스도를 대적합니다. 누가복음 4:6에서 사탄은 자기에게 세상 나라에 대한 지배권이 주어졌다고 주장하는데, 그것은 마태복음 28:18의 예수님의 말씀 곧 자신에게 하늘과 땅의 모든 권세가 주어졌다는 주장과 정면으로 충돌하는 것입니다. 그러나 하나님이나 예수님을 '인격적인' 분이라고 말할 때와 같은 의미로 사탄을 '인격적인' 존재라고 생각하는 것은 잘못입니다. 이것은 사탄을 모호하고 불확실한 힘이라고 말하려는 것이 아닙니다. 오히려 그 반대입니다. 저는 '하위 인격적인'(sub-personal) 또는 '유사 인격적인'(quasi-personal) 존재라는 용어를 선호합니다. 이는 우리로 하여금 사탄에게 인격성이 가지는 존엄성을 전적으로 부여하지 않으면서도, 사탄이 행위와 모략과 간계들에 집중하여, 우리가 인격성과 관련짓는 특성과 아주 유사한 모습으로 우리를 공격할 수 있고, 실제로도 공격하고 있음을 인식하게 해주기 때문입니다.

다시 한 번 말하지만, 사탄에 대한 상상 중에는 어리석고 도움이 되지도 않는 그림들이 (특히 대중적인 상상 속에서) 존재하는 것은 분명한 사실이며, 그런 그림들을 거부하는 것은 옳습니다. 그러나 우리는 그렇게 함으로써 우리가 이런 조잡한 이미지들이 가리키는 실재를 제거해 버렸다고 생각하지는 말아야 합니다.

마지막으로, 투사(projection)의 관점은 악의 어떤 부분을 이해하는 데 도움이 됩니다. 하나님이 아닌 것을 하나님처럼 경배하며 우상 숭배에 빠질 때, 우리는 다른 피조물들과 우주의 다른 존재들에게 우리를 지배할 권력과 특권과 권위를 넘겨주게 됩니다. 이것은 본래 우리가 하나님의 섭리 안에서 그들을 다스리도록 우리에게 부여된 것이었습니다. 당신이 우상—그것이 무엇이든지 간에—을 숭배할 때, 당신은 본래부터 당신에게 주어진 인간으로서 세상을 통치할 권위를 스스로 박탈하고, 그 권위를 사물—그것이 무엇이든지 간에—에 부여하게 되며, 결국 그것을 부정적인 힘, 하나님에 맞서는 힘, 피조세계 자체를 대적하는 힘으로 만들어 버립니다. 왜냐하면, 그 우상은 변화하는 세계의 일부로서 소멸하고 죽게 될 것이며, 우리가 조심하지 않으면, 우리까지도 자신과 함께 죽음으로 끌어내릴 것이기 때문입니다. 이것이 제가 월터 윙크(Walter Wink)의 유명한 이론 속에 적어도 진리의 알갱이가 있다고 생각하는 이유입니다.⁹ 그에 따르면, 기관, 기업, 사회, 입법기구, 심지어는 교회 안에도 감추어진 내적인 힘들이 잠복해 있는데, 그것들은 사람들이 자신의 책임을 스스로 박탈하여 그 기관—그것이 무엇이든지 간에—으로 하여금 그 책임을 소유하도록 떠넘긴 영적인 에너지들의 총합이라는 것입니다. 저는 이 이론에 대해서 할 말이 이보다 더 많으면 많았지 결코 적지 않다고 믿습니다.

제 생각에는 바울이 우상에게 바친 음식의 문제를 논의하는 고린도전서 8장과 10장에서 이런 관점이 나타나는 것 같습니다. 다른 식으로는 이 본문들을 이해하기가 어렵습니다. 8장에서 바울은 하나님 한 분 외에는 다른 신이 없으므로 사실은 우상들이 실체가 없는 것들이라고 말합니다. 그러므로 당신은 아마도 이방 신전에 들어가거나 말거나 아무것도 문제 될 것이 없다고 생각할 것입니다. 그 곳에는 문자 그대로 아무것도 없기 때문입니다. 그러나 바울은 두 장 뒤에서 결코 그렇지 않다고 합니다. 바울은 이방인들이 제사를 드리는 것은 마귀들에게 제사를 드리는 것이므로 당신이 마귀의 잔치에 참여하지 않기를 바란다고 말하고 있습니다. 그렇다면 여러분은 바울에게 이렇게 물어보고 싶을 것입니다. "우상들이 정말 아무것도 아닙니까, 아니면 마귀들입니까?" 제 생각에는 바울이 "둘 다 입니다"라고 대답할 것 같습니다.

그러나 각각 다른 의미에서 그러합니다. 이것은 많은 위대한 신학자들이 제시한 악에 대한 설명과 조화를 이룹니다. 예를 들면, 토마스 아퀴나스는 악이 사실은 선의 부재이거나 결핍이라고 말했지만, 이것은 결코 악이 불확실하거나 모호하다는 뜻이 아니며 또한 걱정할 만한 문제가 아니라는 말도 아닙니다. 만일 제가 단단한 돌바닥이라고 예상한 길에 구멍이 있다면, 걷거나, 자전거를 타거나, 운전을 하는 그 길에 누군가가 '아무것도 없다'고 하는 것은 아주 위험할 말입니다. 또한, 지하실로 내려가는 사다리 중간쯤에 가로대 하나가 빠져 버렸다는 사실은, 어둠 속에서 더듬거리며 내려가는 저에게 불확실하지도 모호하지도 않은 상황일 것입니다. 저는 바울이나 아퀴나스가 같은 말을 하려고 했다고 생각합니다. 즉, 우상 숭배와 그 밖의 다양한 모습으로 드러나는 죄는, 길에 웅덩이를 만들거나 우리는 물론 다른 사람에게도 꼭 필요한 부분에서 사다리 가로대를 빼놓는 것이라는 사실입니다. 따라서 악은 도덕적이고 영적인 차원의 블랙홀이라고 말할 수 있습니다.

이 모든 것은 신비의 영역에 속한 일임이 틀림없지만, 우리는 이 모든 것을 우리의 사고에 반영해야만 합니다. 비록 잠시 물리학 이야기로 돌아가서 하이젠베르크적인 의미에서만이라도 말입니다. 하이젠베르크는 불확실성의 원리를 밝혀 냈습니다. 무엇인가를 관찰할 때, 제가 관찰한다는 사실이 제가 보고 있는 대상을 변화시키기 때문에, 저는 결코 그 대상을 완전히 정확하게 파악했다고 확신할 수 없습니다. 마찬가지로, 우리의 모든 도덕적·영적 방정식에는 불확실성의 요인, 즉 '말로 표현하기 어려운 것'(je ne sais quoi)이 개입되어 우리가 얼마나 잘 조직화 하든지, 우리가 얼마나 많이 기도하든지, 우리의 신학이 얼마나 건전하든지, 우리가 얼마나 열정적으로 작업하든지 간에, 그 곳에는 우리를 거슬러서 작용하는 부정적인 힘들[아마도 '우주적인 부정적 힘'(Negative Force)이라고 말해야 할 것입니다]이 존재합니다. 우리는 그 사실을 인정해야만 합니다.

그러나 좋은 소식은, 신약 성경 전체가 제시하는 바에 따르면, 이 부정적인 힘, 곧 유사 인격적인 그림자적 존재 혹은 존재들이 예수 그리스도의 십자가를 통해 정복되었거나 정복되고 있다는 사실입니다. 이것은 바로 제가 앞장을 통해 논의했던 모든 탐구의 결론이었습니다. 그 곳에서 말한 것처럼, 저는 승리자 그리스도라는 주제, 즉 모든 악과 어둠의 권세를 정복한 예수 그리스도의 승리를 속죄 신학의 중심 주제로 간주합니다. 이 주제를 중심에 두면 그 주위로 십자가의 모든 다른 의미가 제 위치를 찾을 수 있게 됩니다.

이렇게 그리스도의 승리와 최종적인 악의 멸절에 대한 약속을 다루었으므로, 이제 이 장의 본래 주제를 다룰 수 있는 모든 준비가 끝났습니다. 이 모든 것을 받아들인다면, 우리는 어떻게 악이 모두 사라진 하나님의 새로운 세계를 상상할 수 있게 됩니까? 우리는 그리스도의 악에 대한 과거의 승리와, 그 승리가 완성될 미래 세계 사이에서 어떻게 그 사실에 어울리는 삶을 살 수 있습니까?

악이 사라진 세계

미래 세계를 상상하는 것이 어려워진 이유는 우리가 모두 잘못된 인상을 지녀 왔기 때문일 것입니다. 제가 다른 곳에서 말한 것처럼, 우리는 대중적인 이미지의 '천국'이 아니라, 이사야서와 요한계시록이 말하는 새 하늘과 새 땅을 상상해야 합니다. 성경이 보여 주는 궁극적인 미래에 대한 그림은, 몸을 벗어난 영들이나, 구름 위에 앉은 통통한 아기 천사들이나, 플라톤이 꿈꾸었던 의인들이 모여 온종일 철학을 이야기하는 '행복의 섬'(Isles of the Blessed)과는 매우 다릅니다. 성경의 그림은 이런 것들보다 훨씬 더 구체적이고 현실적입니다. 요한계시록 21장과 22장의 언어는 비록 상징과 이미지로 가득 차 있지만, 이런 상징들과 이미지들이 가리키는 실재가 우리 세계의 공간, 시간, 물질과 모든 면에서 닮은 새로운 피조 세계이며, 실제(actual) 세계임이 분명히 드러납니다. 물론 그 세계는 현재의 세계보다 훨씬 더 영광스럽고, 새로운 가능성과, 새로운 치유와, 새로운 성장과, 새로운 아름다움이 가득한 세계일 것입니다.

요한계시록의 마지막 두 장에 잠시 주의를 집중한다면, 우리는 한 공동체를 상상하도록 초대 받음을 알 수 있습니다. 그 공동체는 엄청나게 많은 사람이 모여 하나의 도시를 이룬 모습입니다. 그 도시는 바로 어린양의 신부인 새로운 예루살렘입니다. 이 공동체는 모든 인간 이하의 행태들(sub-humanity)과, 모든 종류의 비열하고 비인간적인 행동이 추방된 공동체입니다(21:8; 22:15, 27. 이것이 20장 마지막 부분의 심판 장면과 어떻게 조화를 이루는지는 여기서 우리가 관심을 가지려는 문제는 아닙니다). 보석들과 황금과 완전한 비율로 지어진 건물들은 이 공동체가 눈부시게 아름다운 공동체임을 가리킵니다. 그 곳은 또한 치유의 장소로서, 현재의 치유뿐 아니라(21:4) 신비한 약속의 말씀을 따라 미래의 치유가 일어날 장소가 될 것입니다(22:2. 그 도시로부터 강이 흘러나오는데, 그 강가에 생명나무가 자라며, 그 나무의 잎사귀들은 '만국을 치료하기 위한' 것입니다). 우리가 마음의 눈으로 하나님이 예수님의 죽음과 부활을 통하여 가져오고자 하시는 세상을 바라보려 할 때, 아름다움과 치유가 있는 공동체를 상상하는 것은 커다란 한 걸음을 내딛는 것과 같습니다. 이 세계를 향하는 방향이 바로 우리가 성령님으로부터 받는 에너지를 집중해야 할 방향입니다.

동일한 궁극적 실재에 대한 바울의 그림으로 눈을 돌려본다면, 우리는 가장 먼저 고린도전서 15장을 만나게 됩니다. 이 곳에서 바울은 미래 세계에는 죽음이 없을 것이라고 강조하여 말합니다. 죽음은 선한 피조세계와 하나님의 형상을 지닌 인간이 부패하고 소멸하는 것입니다. 그러므로 죽음은 궁극적으로 하나님에 대한 모독이며, 사악한 침입자이고, 사탄의 최후 무기입니다. 그러나 마지막에는 죽음 자체가 정복될 것입니다. 그것이 고린도전서 15장의 중심 주제인 부활이 의미하는 바입니다. 단순히 어떤 영적인 형태로 '죽음 이후의 삶'을 사는 것은 부활이 말하려는 요점이 결코 아닙니다. 그런 개념은 실제로는 죽음을 극복하기보다는 죽음과 공모하게 됩니다. 죽음 때문에 우리가 도달할 수 없게 된 세계를 생각할 때, 서구 문화 속에 있는 우리는 비물리적인 세계를 생각하는 경향이 있습니다. 그러나 여기서 바울이 말하는 정말로 놀라운 것은, 썩지도 않고 죽지도 않는 물리적인 세계입니다. 중요한 것은 새로운 피조세계(creation)로서, 새로운 종류의 물리성(physicality)을 가지는 새로운 종류의 세계입니다. 그것은 썩거나 죽을 필요도 없고, 자연의 질서를 따라 (우리의 눈으로 보기에) 끝없이 반복되는 생사의 주기와 계절의 변화에 종속될 필요도 없습니다. 현 세계의 모든 아름다움과 능력은, 하나님의 새로운 세계라는 실재를 가리키는 표지판에 지나지 않기 때문입니다. 그러나 그 표지판들은 진짜 표지판입니다. 왜냐하면, 그것들이 (플라톤식의 구도에서처럼) 추상적이고 비물리적인 실재들을 가리키기 때문이 아니라, 더 물리적이고, 더 견고하고, 더 온전한 실재인 한 세계를 가리키기 때문입니다. 그 세계의 물리적 실재는 그 가장 심오한 의미들을 분명하게 겉으로 드러낼 것입니다. 그 세계는 하나님의 영광을 아는 지식이 물이 바다를 덮음같이 가득 채워질 세계입니다(사 11:9; 합 2:14).

미래 세계에 대한 바울의 그림 중에서 가장 위대한 그림은 로마서 8:19-25일 것입니다. 바울은 피조물이 허무함에 굴복해 왔다고 기록합니다(8:20). 우리도 그것을 잘 알고 있습니다. 나무는 최고의 결실을 낸 후에 메마르고 벌거벗은 모습이 됩니다. 여름이 절정에 이른 후에는 낮이 갑자기 짧아지기 시작합니다. 인간의 삶이 가능성과 아름다움, 웃음과 사랑으로 가득하지만 질병과 죽음으로 단축되는 것도 마찬가지 경우입니다. 우리가 아는 것처럼 피조세계는 하나님의 능력과 영광을 나타내지만(롬 1:19-20), 또한 현재 그것이 종노릇하고 있는 허무함의 상태를 나타내기도 하는 것입니다. 그러나 이 종노릇에 대해서도 성경에 나오는 다른 모든 종노릇과 마찬가지로 출애굽의 순간, 해방의 순간이 허락됩니다. 그 순간은 하나님이 부활절 날 예수님에게 하신 일을 온 우주를 위해 행하시는 순간입니다. 이것은 너무 크고 눈부신 비전이라서, 이제까지 바울 서신을 읽는 많은 경건한 독자까지도 눈을 끔벅이고 두 눈을 비비고 나서는, 서둘러 좀더 '개인적인' 적용을 할 수 있는 다음 문단으로 넘어가면서 무시해 버렸습니다. 그러나 바로 이 부분이 바울의 모든 논의가 진행되고 있는 정점입니다. 이 부분이 바로 바울의 위대한 주제인 하나님의 정의(justice)라는 주제개[또는 하나님의 칭의(justification)라고도 부를 수 있습니다. 이것은 '악의 문제'를 다루는 수많은 글의 핵심 주제입니다!] 최고의 절정에 도달하는 곳입니다. 바울에 대한 대중적인 이해에서는 하나님의 정의라는 주제가 너무 오랫동안 인간의 구원이라는 주제 아래 흡수되어 있었기 때문에, 엄밀한 주석을 통해 우리는 로마서 1:16 이하에 진술된 주제가 온전히 표현되는 것이 단순히 3:21-4:25, 5:1-11 혹은 8:1-11이 아니고, 8:19-27이라는 점을 상기할 필요가 있습니다. 여기서 제기되는 문제는, 약간은 수정이 되었지만(mutatis mutandis)

제4에스라서로 알려진 주후 1세기 유대교 문헌에 언급된 것과 같은 것입니다. 즉, 피조세계 전체가 회복되지 않으면 마치 창조주 하나님이 실수하셨거나, 약하고 무능하거나, 실제로 불의한 분인 것처럼 보일 수 있다는 것입니다. 그러나 바울은 절대 그렇지 않다고 선언합니다. 피조세계가 갱신되는 것, 진통하는 옛 세계의 자궁으로부터 새로운 세계가 태어나는 것을 통해 하나님의 의로우심이 나타날 것이기 때문입니다. 로마서 8장은 이러한 '악의 문제', 하나님의 정의의 문제에 대해 신약 성경이 주는 가장 심오한 대답입니다. 그리고 모든 것은 출애굽, 노예의 해방, 십자가와 부활, 성령님이 주시는 강력한 새 생명의 패턴에 따라서 성취되게 됩니다.

그러므로 신약 성경은 우리에게 아름다운 치유의 공동체로서의 새로운 세계를 상상하라고 권합니다. 우리는 생명과 에너지가 가득한 생동감 넘치는 세계, 죽음과 소멸이 근접할 수 없는 썩지 않는 세계를 그려야 하며, 다시 태어난 세계, 썩음의 종노릇으로부터 자유롭게 된 세계, 본래의 창조된 모습을 참되게 드러내는 세계를 향해 우리의 마음의 눈을 고정해야만 합니다. 우리가 치우침 없이 바른길로 항해하려면, 우리의 나침반은 이 극점을 향하여 맞추어져야 합니다. 우리가 그런 세계를 어떻게 상상할 수 있을까 하는 질문은 그 자체로 매우 도전적인 질문이며 저는 이 질문을 곧 다룰 것입니다. 그러나 그전에, 우리가 눈앞에 이 그림을 놓고 이 새로운 세계를 우리의 현재 속에서 앞당겨 실현하기 시작한다면, 그것이 과연 어떤 모습이겠는지를 생각해 보는 게 좋을 것 같습니다. 바울이 로마서 8장에서 선언하듯이, 우리의 모든 현재의 삶은 이 미래의 삶을 미리 맛보며, 성령 안에서 탄식하면서 마지막 선물을 기다리는 삶입니다. 우리는 또한 이미 확실히 이루어진 승리 때문에 크게 기뻐할 수 있습니다(롬 5:1-5; 8:31-39).

중간 단계의 과제들

예수 그리스도의 죽음과 부활을 통해 이루어진 승리라는 기초 위에서, 우리는 우리가 상상하도록 부름 받은 그 새로운 세계의 시작과 미리 주어진 표지들을, 현재의 삶 속에서 실천을 통해 나타내야만 합니다. 이를 위해 우리가 따라야 할 다섯 가지 특징적인 방법이 있습니다. 각 항목에 대해 충분히 다루어야 마땅하지만, 이 곳에서는 공간의 제약 때문에 단순히 그 항목들을 열거하고 그저 몇 마디 말로 대신하고자 합니다.

기도

조금 전에 살펴보았던 로마서 8장에서 바울은, 기도가 구속된 세계 질서의 궁극적인 모습을 앞당겨 실현하는 일의 핵심이라고 말합니다. 새로운 세계에서 구속된 인류는 그들에게 합당한 자리인 창조주를 경배하고 청지기로서 세상을 다스리는 지위를 차지할 것이며, 하나님의 주권적인 통치에 참여할 것입니다(롬 5:17; 계 5:10). 지금 이 시대에 그리스도인이 살아가도록 부름을 받는 성령의 새로운 삶은, 물러나 앉아서 느슨하고 태평스러운 사적인 영성으로 영적 위안을 즐기는 삶이 아니라, 기도의 신비 속에서 끊임없는 싸움이 진행되는 삶입니다. 그 싸움은, 십자가의 승리를 구체적으로 실현하고 마지막 구속을 앞당겨 실현하는 가운데 하나님의 지혜와 치유의 질서를 지금 이 세상에 가져오기 위한 싸움입니다. 기도 안에서 우리는 더 진정한 인간이 되라는 부름과 초대를 받습니다. 그 부름은 하나님의 형상으로 지어진 우리가 하나님을 예배하고 하나님이 사랑하시는 세상을 위하여 중보자가 되라는 부름입니다. 하나님이 당신 아들의 죽음과 부활 이후에 세상을 위해 행하신 첫 번째 일은, 성령을 통하여 한 백성을 창조하시고 모든 민족으로부터 그들을 불러내신 것입니다. 그 백성은 자신의 삶을 현재의 세상의 모습에 맞추지 않고 의식적으로 하나님이 장차 이루시고자 하는 모습에 맞추어 살아갈 사람들이며(롬 12:1-2에 나오는 "이 세대를 본받지 말고, 오직 마음을 새롭게 함으로 변화를 받으라"라는 말씀은 이 장의 제목으로도 잘 어울릴 것입니다), 또한 그러한 삶에서 오는 긴장을 마음에 품고 기도로 바꿈으로써, 치유와 소망을 통해 현 세계 속으로 침투해 들어오기 시작한 새로운 세계를 위한 행동대원들이 될 사람들입니다. 그러므로 기도는 하나님 백성에게 주어진 과업, 곧 영광스럽고도 생소하며 우리를 당황하게 하면서도 고귀하게 만드는 소명의 중심에 자리합니다.

거룩함

마찬가지로, 철저하게 거룩한 삶을 살라는 그리스도인의 소명도 이미 시작된(inaugurated) 종말론, 즉 현재의 삶 속에서 궁극적인 미래의 법칙에 맞추어 살아가기 시작하는 것과 관련이 있습니다. 기독교 윤리는 '해도 되는 일'과 '하지 말아야 할 일'의 목록을 만드는 것이 아닙니다. 오히려 그것은 하나님의 새로운 세계에 들어와 살아가라는 부름이며, 이 부름은 십자가에서 우상 숭배와 죄가 정복되었고 부활을 통해 새로운 창조가 시작되었다는 사실에 근거합니다. 이 새로운 세계 전체는 이러한 성취에 기초하며 성령의 능력으로 보증되었습니다. 그러므로 로마서 8:12-17은 그리스도인들로 하여금 출애굽한 사람들처럼 살라고 권고합니다. 즉, 이집트의 노예생활로 돌아가는 것은 꿈도 꾸지 말고, 우리를 죽음에 이르게 하는 모든 것을 죽이고 새롭게 변화된 삶―성령님에 의해 인도함을 받는 사람들 안에서 그리고 그들을 위하여 성령님이 창조하시는 삶―을 살기 위해 힘써 일하라고 격려합니다. 이 주제는 골로새서 3:1-11에서도 아주 분명하게 드러납니다. "너희가 메시아와 함께 일으킴을 받았다면 그가 계신 곳, 위의 일을 추구하라." 아주 실제적인 의미에서 이 말씀은 지금 이 곳에서 인간의 삶을 손상하는 모든 것, 특히 분노와 적대감과 성적인 부도덕성을 제거해야 한다는 뜻입니다.

지금까지 우리는 사람들이 십자가가 말하는 메시지의 표준적인 '적용'이라고 생각하는 바를 별로 벗어나지 않았습니다. 저는 지금까지 친숙하지 않은 각도(시작된 종말론)에서 기도와 거룩함을 간략하게 설명했지만, 그리스도인의 삶과 관련하여 이 주제들은 잘 알려진 것임이 분명합니다. 그러나 우리가 시야를 좀더 넓혀나가면 어떻게 될까요? 하나님의 정의가 정말로 로마서의 중심 주제라면, 우리가 그 주제가 인도하는 방향을 따라 21세기의 정의와 관련된 질문들에까지 나아간다면 어떻게 될까요? 과연 이런 동일한 접근법이 우리가 살고 있는 더 넓은 세계―'악의 문제'가 특별히 뚜렷하게 느껴지며, 악을 적절하게 분석하지 못하고 성숙한 지혜로 대응하지 못함으로써 처음보다 훨씬 더 심각한 상태가 되어 버린―

의 이슈들에 대해서도 효과를 발휘할 수 있을까요?

정치와 제국

우리의 가장 뚜렷한 출발점은(특히 제3장에서 마가복음 10:35-45을 해설한 관점에 따르면) 인간 정부나 권세나 제국의 행동 방식과 관련된 영역입니다. 예수님이 부활 후에 말씀하신 것처럼 하늘과 땅의 모든 권세가 예수님에게 주어졌다면, 기독교적인 관점에서 볼 때 인간의 권세들은 아무리 중요하다고 해도 결국은 궁극적인 것이 아니라 이차적인(penultimate) 것입니다. 그 권세들은 죽으시고 일으킴 받으시고 이제 모든 세계를 소환하시는 예수님 앞에서 문책을 당할 것입니다.

이것은 인간의 권위가 나쁜 것이라는 뜻이 아닙니다. 인간의 권위는 결코 나쁜 것이 아닙니다. 하나님은 아름다운 세상을 창조하셨고, 언제나 인간들로 하여금 당신을 대신하여 세상을 돌보게 하고자 하셨기 때문입니다. 그러한 하나님의 의도는 인류의 반역 이후에도 변화되지 않았습니다. 물론 이런 소명을 받아들일 수 있는 인간의 역량에는 변화가 일어났습니다. 하나님이 인간 권세자들을 세우신 것은, 하나님의 지혜롭고 자비로운 정의를 실현하고, 세상에 선한 영향을 끼치며, 악을 견제하게 하시려는 의도에서였습니다. 2005년 8월 뉴올리언스의 재앙에서 정말로 끔찍했던 일은, 며칠 동안 모든 법과 질서가 무너져 버렸다는 사실입니다. 그 곳에서는 힘이 유일한 선이 되었으며, 약한 자들은 멈춰 선 표적이 되었고 혼돈이 그 곳을 뒤덮었습니다. 하나님은 어떤 이유에서라도 그런 상황이 벌어지는 것을 매우 싫어하시므로, 인간 권세들을 세우셔서 그런 일이 벌어지는 것을 막으십니다. 하지만 권세들이 견제해야 할 악에 모든 인간이 참여하고 있기 때문에, 어떤 시점에서 권력을 가진 특정 인물들이 은밀하게(또는 별로 은밀하지도 않게) 법을 어기고 그들의 이익을 위해 행동하는 일이 너무도 쉽게 벌어지고 맙니다.

이런 복잡한 상황에서, 그리스도인은 강력한 권위가 복종하는 대중 위에 군림하도록 하는 후기 계몽주의 우파의 표준적인 해결책이나 혁명 그리고 심지어 궁극적으로는 어떤 종류의 무정부 상태를 이상으로 간주하는 좌파의 해결책에 결코 안주할 수 없었습니다. 그리스도인은(이 점에서는 유대인도 마찬가지입니다. 유대인 관련 논의는 좀더 복잡하기 때문에 이 장의 분량 내에서는 다룰 수가 없습니다) 어떤 권위가 되었든 지배 권위를 존중하면서, 동시에 그 권위가 하나님이 주신 과업을 깨닫고 수행할 수 있도록 격려하고 도와야 할 의무가 있습니다. 그 주요한 과업은 정의를 행하고 자비를 사랑하는 것이며, 약자와 상처입기 쉬운 자들이 적절한 돌봄을 받게 하는 것입니다. 의료상의 돌봄(초기 기독교가 일으킨 혁신들 중 하나는 병든 자를 돌보는 것이었는데, 그 돌봄의 대상에 그리스도인도 아니고 가족도 아닌 사람들도 포함되었습니다), 교육, 가난한 사람을 위한 일, 이 모든 것은 예수님이 주인이시고 세상 권세들은 그분의 종들이라는 것을 보여 주는 표지들입니다.

이것은 물론, 현재 세계를 지배하면서 단순히 그들 자신의 목표에 봉사하는지 아니면 반대하는지에 따라서 거만하게 '선'과 '악'을 판단하는 모든 기득권에 대한 도전이기도 합니다. 이 말은 자신들의 경제 시스템을 통해 수많은 나라를 갚을 수 없는 채무에 묶어

두는 사람들과, 카스트 제도를 통해 수만 명의 하급 계층 사람들을 비참한 빈곤에 묶어 두는 사람들에게도 마찬가지로 적용됩니다. 서구에 있는 우리가 나머지 다른 세계에 대해 거창한 말을 할 때, 우리의 우선 순위와 수사(修辭)도 재조정해야만 하는데, 우리는 초기 기독교인들이 그들의 사촌인 유대인들과 마찬가지로 통치자들과 권세들이 권력을 획득하는 수단에는 특별히 관심을 두지 않았음을 유념해야만 할 것입니다. 그들이 훨씬 더 관심을 기울였던 부분은 통치자들이 권력을 획득한 다음에 무엇을 행했는가 하는 점입니다. 일단 선거를 통해 정권이 세워지면 그 다음 몇 년 동안은 그 정권이 원하는 대로 무엇이든 할 수 있는 백지 위임장과 같은 합법성을 부여해야 한다는 식의 생각은, 성경 저자들이 추구하고 주장했던 자유와 지혜에 대한 우스꽝스런 모조품에 불과합니다.

형법(刑法) 체계

'선'과 '악'의 언어는 또한 형벌 제도를 구성하는 사람들에 의해 자주 사용됩니다. 대화 중에 우리는 종종 어떤 사람이 전적으로 '악하기' 때문에 오랫동안 감금되어 있어야만 한다는 말을 듣거나 그런 암시를 받곤 합니다. 옛 세대의 자유주의 사상가들은 이런 생각에 반대하며 실제로 '악'이라는 것이 존재한다는 생각 자체에 당혹감을 느꼈습니다. 의회가 제정한 법령이나 다른 훌륭한 수단들을 통해 악은 이미 제거되어 버렸다고 생각했기 때문입니다. 또한 그들은 어떤 사람도 악하다고 말할 수 없고 단지 오도되었을 뿐이며, 그 오도는 사회 전체가 저지른 일이므로 우리도 모두 똑같이 죄책이 있다고 주장합니다. 그동안 정치의 진자는 이 두 극단 사이를 왔다갔다 한 것에 지나지 않습니다. 한쪽은 자신들이 범죄 대학을 만들고 있다는 것도 깨닫지 못하고 점점 더 많은 사람을 감옥에 가두려고 했고, 다른 쪽은 문제를 다른 식으로 보려고 애쓰면서 교외 지역 주민다운 깔끔하고 초연한 태도로 모든 일이 잘 되어가는 것처럼 행동합니다.

그러나 이 둘 중에 어느 것도 복음이 요구하는 대응 방식이 아닙니다. 우리에게 시급히 필요한 것은 그리고 감사하게도 서구 세계의 한쪽 구석의 한 지혜로운 나라에서(뉴질랜드와 같은 나라를 말합니다. 극동에 있는 땅덩어리를 서구 세계 일부라고 부르는 것이 역설적인 것 같지만, 그런 역설이야말로 그 나라가 가진 훌륭한 특징입니다) 이미 시작되고 있는 것은 회복하는 정의(restorative justice)를 포용하는 일입니다. 회복하는 정의의 비전은 전체 공동체가 함께 악이 무엇인지를 밝혀 이름을 붙이며, 그 악을 올바로 다루도록 노력하게 합니다. 그 방법은 범죄자를 주위의 당황한 눈길들로부터 격리해 버리는 것이 아니라, 범죄자와 피해자를 가족들과 친구들과 함께 한자리에 모으고, 벌어진 일을 공개적으로 있는 그대로 바라보면서 함께 나아갈 길을 찾고 합의를 도출해 나가는 것입니다. 이것은 쉽지는 않지만 건강한 모델이며, 건강한 결혼 관계와 건강한 개인 안에서 일어나는 일과도 일맥상통하는 것입니다. 이런 식의 문제 해결 방식에는 십자가의 표지와(악을 정면에서 바라보며 그 모든 힘이 느껴지도록 허용한다는 점에서), 모든 것이 드러나고 모든 것이 바로잡힌 세상에 대한 희망의 표지가 모두 담겨 있습니다.

국제 관계 속의 분쟁들

국제 관계에서 일이 잘못될 때에도 동일한 모습의 의견의 양극화가, 이제까지 늘 그러했고 앞으로도 늘 그러하겠지만, 분명하게 나타납니다. 이 문제도 아주 거대한 이슈이므로 훨씬 더 자세하게 서술할 수 있겠지만, 이 곳에서는 요약된 내용을 제시할 수밖에 없습니다.

한편에서는 사실상 힘이 정의라고 주장하는 사람들이 있습니다. 군사력과 경제력을 가진 자들은 그 힘을 가지고 그들이 원하는 것을 무엇이든 할 수 있는 권한을 가집니다. 이런 관점에서 보면, 인간 권력을 부여받은 자들은 세상의 어떤 곳에라도 가서 다른 나라의 일에 간섭하고 언제 어디서나 자신의 뜻을 강요할 수 있는 거룩한 소명을 받은 것입니다. 다른 한편에서는, 또한 많은 사람이 세상에 존재하는 어떤 근본적인 악을 직면했을 때 한발 물러서서, 그 문제는 단지 지엽적인 어려움에 불과하며 우리는 그 문제가 지역적인 수준에서 정리될 수 있도록 내버려 두어야 한다고 말합니다. 다른 말로 하면, 이들은 유화(宥和) 정책을 내세우는 것입니다. 이 양쪽은 모두 다른 쪽의 정책이 명백하게 극단적인 결과를 낳을 수 있음을 지적하며 상대편을 공격하기에 급급합니다.

저는 지금 우리에게 긴급하게 필요한 것은 로마서 13장에서 강조된 합법적인 권위 개념—우리가 앞에서 언급했듯이, 모든 권위는 하나님에게서 나온 것이며, 그 권위는 또한 예수 그리스도의 우주적인 주권 아래 있음을 기억합시다—을 국제 관계의 영역까지 확장하는 것이라고 믿습니다. 우리는 이러한 개념에 근접하는 기구로서 단 두 개의 기구, 국제연합(the United Nations)과 국제사법

재판소(the International Criminal Court)만을 가지고 있습니다. 우리가 최근 몇 년간 보아 온 이 두 기구에 대한 이념적 차원이나 실제적 차원의 강력한 저항이나, 드러내 놓고 제네바 협정(the Geneva Convention)과 같은 국제조약을 무시하는 행태들은 참으로 우려스러운 표지들이며, 이 표지들은 우리에게 좋은 국제기구들이 어느 때보다도 더 필요하다고 말하고 있습니다. 세상에는 악이라는 것이 정말로 존재하며, 이 악은 올바르게 다루어져야 하며 정복되어야 합니다. 그 일은 한편으로 악을 무시하는 것이나, 또 다른 한편으로 중화기(重火器)를 가지고 맹렬한 공격을 퍼붓는 것을 통해서가 아니라(현재 사용할 수 있는 가장 뛰어난 스마트 폭탄을 동원한다고 해도 일단 폭격이 시작되면 수십만의 민간인들이 살상됩니다), 십자가의 메시지와 방법을 통해서 이루어져야만 합니다.

상상력 기르기

이런 목표들을 향하여 가까이 다가가려면, 제가 지금까지 계속 언급해 온 것처럼 악이 없는 세계를 상상하고, 그런 목표에 가까이 가는 단계들을 구상하는 법을 배워야만 합니다. 물론 우리는 현 세대에서 그 목표를 결코 온전히 성취할 수 없을 것이라는 사실과, 또한 그런 이유 때문에 우리가 현 세계의 상태를 온순하게 묵과해서도 안 된다는 것을 인식해야만 합니다. 다시 한 번 로마서 12:1-2이 생각납니다.

긴 세속주의의 겨울을 지나오면서 졸아들고 굶주린 상태가 되어 버린 기독교적 상상력은 이제 다시 깨어나고, 생명력을 공급받고, 올바른 방향으로 날카로움을 회복해야만 합니다. 이런 것들 하나하나가 모두 중요합니다. 그리스도인들은 하나님과 서로로부터 그들의 상상력을 발휘하도록 허락받았다는 것을 감지할 필요가 있습니다. 그리스도인들은 하나님의 새로운 세계를 미리 생각하고, 그 세계의 특징들을 모델화하고 구체화할 신선한 형태의 예배와 봉사를 그려보는 일에 자신의 상상력을 발휘해야만 합니다. 우리는 이런 상상력이 에너지를 얻고 음식과 양분을 공급받아 생동감 넘치고 창조적인 힘이 되게 하여야 하며, 게으름을 피우며 오래 전에 배웠던 몇 가지 아이디어 주변만을 맴돌아서는 안 될 것입니다. 기독교적 상상력은 또한 양심과 마찬가지로 훈련되어야 하며, 초점과 방향을 가져야 하고, 단순히 아무 방향으로나 이리저리 미친 듯이 달려가서는 안 됩니다. 과거에 상상해 놓은 세계가 다른 어떤 것보다도 못할 것이 없다고 가정하는 것만으로는 부족합니다. 필립 펄만의 소설은 번뜩이는 상상력을 발휘하지만 드러내 놓고 반기독교적인 메시지를 전합니다. 이것은 창의적이고 창조적인 생각이나 글이 언제나 하나님 나라의 대의에 봉사하지는 않음을 보여 주는 분명한 예라고 할 수 있습니다.

    우리가 예수님이 성취하신 승리와 만물의 궁극적인 갱신 사이에서 살고 있음을 의식하면서 살려면 어떻게 기독교적 상상력을 재교육하여야 할까요? 이 부분에서 우리는 예술에 대해 언급해야만 합니다. 우리가 하나님의 형상으로 빚어졌음을 보여 주는 한 가지 특징은 우리 자신이 창조자 또는 적어도 생산자(procreators)가 될 수 있다는 것입니다. 새로운 생명을 낳을 수 있는 특별한 능력 — 물론 가장 중요한 것은 자녀를 낳는 것이지만, 그 외에도 수만 가지 방법이 있을 수 있습니다—은 창세기 1장과 2장에서 인류가 받은 명령을 성취하는 데 핵심이 됩니다. 아름다운 물건들을 만들어 냄으로써 아름다운 세계를 이해하고 경축하는 것은, 아담이 동물들에게 이름을 붙인 것과 마찬가지로, 피조세계의 청지기가 되라는 부름의 한 부분입니다. 피조세계의 아름다움은 그 자체로 하나님의 아름다움을 가리키며, 진정한 예술은 그 자체로 그 피조세계의 아름다움에 대한 응답이 됩니다.

그러나 지금 우리는 에덴동산에 살고 있지 않습니다. 그래서 마치 그런 것처럼 보이려고 시도하는 예술은 금방 무기력함과 경박함에 빠지고 맙니다. 우리는 여기 타락한 세계에 살고 있으므로 어떤 종류의 범신론(pantheism)에 접속하여 피조물을 신성한 존재처럼 숭배하는 것은 언제나 악의 문제와 맞닥뜨리게 됩니다. 바로 그때 예술은 철학이나 정치와 마찬가지로 종종 반대 방향으로 돌아서며, 종종 추함에 대해 더 심한 추함으로 단순하게 응답할 뿐입니다. 우리는 현재 영국 예술계에 이런 현상이 널리 퍼져 있는 것을 볼 수 있습니다. 그것은 사실주의를 가장한 일종의 잔혹성(brutalism)이며 단순한 공허함과 지루함의 표출일 뿐입니다. 이것은 통합된 세계관을 갖추고 하나님을 마음과 생각과 뜻을 다하여 사랑하려는 갈망이 있는 그리스도인들에게는 분명 좋은 기회일 것입니다. 그들은 계속 아무것도 건질 것이 없는 막다른 골목을 벗어나 앞으로 나아갈 길을 발견할 수 있고, 또 아마도 그 길로 다른 사람들을 이끌어 나갈 수 있을 것입니다. 이 점에서 바울은 다시 한 번 우리를 도와줄 수 있습니다.

로마서 8장에서 바울은, 모든 피조세계가 구속을 갈망하는 가운데 산고를 겪으며 신음하고 있다고 선언합니다. 피조세계는 선하지만, 그것이 하나님은 아닙니다. 피조세계는 아름답지만, 그 아름다움은 현재로서는 일시적일 뿐입니다. 피조세계는 고통을 받고 있습니다. 하지만, 그 고통은 하나님의 가슴 속으로 취하여져 새로운 탄생을 위한 고통의 한 부분이 됩니다. 예술이 응답하고 표현하고 흉내내고 강조하는 피조세계의 아름다움은 단순히 피조세계 자체에 내재한 아름다움이 아니라, 피조세계가 자기를 향해 주어진 약속을 바라보며 소유하고 있는 아름다움입니다. 이것은 마치 약혼 반지가 아름다운 이유가 특별히 그 반지가 상징하는 언약 때문인 것이나, 성찬식의 잔이 아름다운 것이 우리가 그 안에 담길 것이 무엇인지 알기 때문인 것과도 같습니다. 만약에 그리스도인 예술가들이 이 진리를 조금이라도 엿볼 수만 있다면, 한쪽으로 범신론이나 또 다른 쪽으로 참혹하고 부정적인 '사실주의'에 빠져들지 않으면서도, 아름다움을 경축하고 모든 영혼을 다하여 하나님을 사랑하는 길로 나아갈 수 있을 것입니다. 가장 훌륭한 예술은 우리로 하여금 사물의 현재 모습뿐 아니라 그 사물이 본래 되어야 할 모습과 하나님의 은혜로 말미암아 하나님을 아는 지식이 온 지구 위에 물이 바다를 덮음 같이 가득해지는 날에 그 사물이 드러낼 모습까지도 바라보게 해줍니다. 그리스도인 예술가들은 이 과업을 수행함으로써, 우리가 추구하고 부름 받은 가슴과 지성과 영혼의 통합에도 이바지하게 될 것입니다. 또한 그들은 하나님이 만드시고자 하는 새로운 세계를 가리켜 보이게 될 것입니다. 그 세계는 바로 예수님의 부활 속에서 미리 보여진 세계이며, 예수님의 십자가 죽음 속에서 그 세계를 위한 자유의 헌장이 선포된 바로 그 세계입니다. 이와 같은 수단들을 통해 다시금 우리는 악이 없는 세계를 상상하는 법과, 그 세계가 악한 현 세대 가운데서 실재가 되게 하는(우리가 할 수 있는 정도가 얼마이든지 간에) 법을 배울 수 있을 것입니다.

나오는 말

이 장에서 우리는 광범위한 주제들을 간략하게 살펴보았습니다. 이 주제들 하나하나는 마땅히 훨씬 더 자세하게 다루어져야만 할 것들입니다. 그러나 저는 적어도 제가 광대하고도 흥분되는 과업이 우리 앞에 놓여 있음을 보여 주었기를 바랍니다. 우리는 그저 악과 하나님의 정의의 문제를 이해하기만 하는 것이 아니라, 그 문제의 해결책의 한 부분이 되라는 부름을 받습니다. 우리는 십자가와 부활을 한편에 그리고 새로운 세계를 다른 한편에 두고 살아가라는 부름을 받습니다. 전자의 성취를 믿으며 후자를 어떻게 상상할지를 배우며, 기도와 거룩함과 더 넓은 세상 속에서의 행동을 통해 그 둘을 하나로 결합하라는 부름을 받습니다. 다음 장에서는 기독교 복음의 핵심이라고 할 수 있는 용서라는 주제를 다루면서, 그러한 부름이 우리와 주위 사람들 속의 악을 다루는 것과 어떤 관계가 있는지 좀더 자세히 살펴볼 것입니다. 그러나 지금은 우리에게 약속된 새로운 세계, 물이 바다를 덮음 같이 온 지구에 하나님의 영광을 아는 지식이 가득해질 세계를 향해 열심히 나아가자고 서로 격려하는 데 초점을 맞춥시다. 그리고 특히 하나님이 주신 은사를 소유한 사람들을 격려하여, 그들로 하여금 우리에게 그 세계를 보여 주고 우리의 상상력에 불을 붙여 줄 수 있게 합시다. 그렇게 함으로써 우리는 하나님이 우리에게 시도하고 성취하게 하시는 모든 일을 더욱 흔쾌하고 즐거운 마음으로, 믿음을 가지고 수행할 수 있을 것입니다.

5. 악에서 구하옵소서
_자신과 타인을 용서하기

들어가는 말

제1장에서 저는 악의 문제의 윤곽을 소개하고, 그 문제가 우리 문화나 신학에서 일반적으로 생각해 온 것보다 훨씬 더 깊고 심각한 문제라고 주장했습니다. 그리고 제2장에서는 구약 성경을 바라보는 방법을 제시했습니다. 구약 성경은 이스라엘의 이야기를 들려주는데, 그 이야기 안에서 이스라엘은 악의 문제에 대한 해결책이 되거나 적어도 해결을 위한 열쇠가 됩니다. 그러나 그 이야기는 우리로 하여금 마지막 부분을 기다리게 하면서 끝을 맺습니다. 그리고 제3장에서는 복음서를, 그 중에서도 특히 우리가 전통적으로 '속죄 신학'이라고 생각해 왔던 것의 올바른 위치를 결정하는 예수님의 죽음 이야기를, 세상을 악으로부터 구출하고자 하시는 하나님의 계획과 악의 세력—가이사와 헤롯과 사두개인들의 악한 통치와 그들 뒤에 도사리고 있는 어두운 고소자의 힘—들 간의 궁극적인 대결이라는 좀더 넓은 캔버스 위에 두고 읽는 방법을 제안했습

니다. 그리고 제4장에서는 그리스도인들이 현재 주어진 과제를 발견할 수 있도록 미래를 바라보고 악이 사라진 세계를 상상하는 방법을 제시했습니다. 그것은 다가올 미래를 수동적으로 기다리는 것이 아니라, 현재의 삶에서 기도와 거룩함과 정의를 실천함으로써 그 미래를 앞당겨 실현하는 것과 관련이 있었습니다. 이런 논의는 우리를 모든 것의 중심에 있는 질문 앞으로 데려다 놓았습니다. 이제 마지막 다섯 번째 장에서는 그 질문을 다루게 됩니다. 우리는 주기도문을 통해 끊임없이 '악에서 구하옵소서'라는 기도를 드립니다. 그런데 과연 이 기도는 우리 개인뿐 아니라 전체 하나님의 세계에 대하여(물론, '악의 문제'가 정말로 쓰리게 느껴지는 이유는 그것이 단지 커다랗고 헐렁한 우주적인 문제가 아니라 저 자신과 여러분의 문제이기 때문일 것입니다) 어떻게 성취되겠습니까?

이 질문의 핵심으로 들어가기 위해 제가 선택한 방법은 용서의 본질을 묵상하는 것입니다. 이 주제를 생각해 오는 동안 저는 특히 세 권의 책에서 도움을 얻었습니다. 그리고 누구든지 진지하게 이 주제를 다루고자 하는 사람에게 이 책들을 추천하고 싶습니다. 첫 번째 책은, 지난 10년 동안에 나온 기독교 신학 저술들 중 가장 훌륭한 책이라고도 말할 수 있는, 미로슬라브 볼프(Miroslav Volf)의 「배제와 포용」(*Exclusion and Embrace*, 2002년에 유명한 그라베마이어 상을 수상함, 한국 IVP 근간)입니다.[10] 현재 예일대학교 신학대학원에서 가르치는 볼프는, 몇 년 전에 자신이 세르비아인 정교도 이웃을 어떻게 사랑할 수 있는가 하는 질문에 직면했습니다. 크로아티아인 침례교도인 그는 세르비아인들이 자신의 나라를 향해 저지른 수많은 끔찍한 일을 직접 경험했습니다. 그는 만일 자신이 그 질문에 대답할 수 없다면, 자신의 신학의 진정성 전체가 의심스럽게 될 것임을 인식했습니다(특히 그의 스승인 위르겐 몰트만이 그로 하여금 그 문제에 코를 처박게 했기 때문이기도 했지만 말입니다). 그런 엄청난 문제를 가까이서 바라보며 살아 본 적이 없는 우리로서는, 볼프의 강력한 기독교 지성이 그런 어마어마한 감정과 개인적인 경험이 개입된 질문과 씨름하며 그 과정에서 우리 시대의 거대한 문화적, 철학적, 신학적 이슈들을 직면하는 것을 그저 떨리는 마음으로 바라볼 뿐입니다.

볼프의 기본적인 논점은 이렇습니다. 국제 관계를 다루든지 아니면 개인적인 일대일 관계를 다루든지, 우리는 악에 대해 이름을 붙이고 직면해야만 한다는 것입니다. 악을 비켜갈 수 있는 다른 길은 없습니다. 악이 그렇게 나쁜 것이 아니라는 듯(쉬운 삶을 추구하거나 임시방편을 찾으려는 생각에서) 가장해서도 안 됩니다. 그렇게 할 때, 즉 악과 악을 행한 자의 정체가 규명되었을 때—이것이 볼프가 '배제'라고 말하는 것입니다—에만 두 번째 조처가 가능하기 때문입니다. 그 두 번째 조처란 바로 '포용'으로서, 우리 혹은 나에게 깊은 아픔과 상처를 입힌 사람을 껴안는 것입니다. 물론, 그런 후에도 악을 행한 자가 자신의 행위를 그런 빛 가운데서 보기를 거절한다면 이러한 포용이 일어나지 않을 수도 있습니다. 그러나 제가 그 악에 이름을 붙였다면 그리고 진정한 용서와 화해를 제공하고자 최선을 다했다면, 그들이 반응을 보이려 하지 않더라도 저는 그들을 자유롭게 사랑할 수 있습니다.

이런 간략한 요약만으로는, 탁월한 지성으로 개인적인 수준과 공동체적인 수준에서 심오한 도전을 주는 볼프의 장중한 논증을 결코 제대로 담아낼 수 없습니다. 두 번째 책은 듀크대학교 신학대학원장인 그레고리 존스(L. Gregory Jones)가 쓴 「용서의 구현」(*Embodying Forgiveness*)이라는 책입니다.[11] 존스는 목회적이고 개인적인 차원에서 세세한 수준까지 깊이 파고 들어가며, 용서가 실제로 무엇이며 그리스도인으로서 어떻게 그것을 삶으로 실천할 수 있는지를 보여 줍니다. 신약 성경과 예수님 자신의 가르침에서 용서의 메시지가 차지하는 중심적인 위치를 생각할 때, 교회가 전체적으로 이 주제를 얼마나 적게 가르치는지 놀라울 따름입니다. 이 책에 담겨 있는 풍부한 목회적, 신학적 지혜는 개인뿐 아니라 그리스도인 공동체에도 커다란 가르침이 될 것입니다.

세 번째 책은 훨씬 더 현실적이고 또한 정치적인 책인데, 그럼에도 불구하고 근저에는 신학적 토대가 매우 탄탄하게 깔려 있습니다. 바로 데스몬드 투투(Desmond Tutu)의 숨이 멎을 정도로 놀라운 책, 「용서 없이는 미래도 없다」(*No Future Without Forgiveness*)입니다.[12] 전세계는 진리와 화해 위원회(the Commission for Truth and Reconciliation)를 통해 투투가 남아프리카에서 성취한 일을 알고 있습니다. 비록 세계가 때때로 그것을 모르는 체하지만 말입니다. 저는 조금도 주저함 없이 말할 수 있습니다. 그런 조직은, 무엇을 성취했는지를 떠나서 단지 존재한다는 사실 자체만으로도 기독교 복음의 능력을 나타내는 데 가장 탁월한 표지가 됩니다. 25년 전만 해도 그런 일은 상상조차 할 수 없었다는 점과, 지금도 베이루트나 벨파스트(북아일랜드의 수도―역주) 혹은 예루살렘에서조차 그런 일이 일어나기가 얼마나 어려운지를 잠깐만 생각해 본다면, 남아프리카에서 일어난 변화는 정말로 놀라운 일이었음을 어렵지 않게 알 수 있습니다. 이 일에 대해 우리는 두렵고 떨리는 마음으로 하나님께 감사해야 합니다. 비록 대부분의 서구 저널리스트들은 별로 주목하지 않았지만, 백인 보안군이나 흑인 게릴라들이 모두 공개적으로 자신의 폭력과 끔찍한 죄악들을 고백한 것은 그 자체만으로도 경이로운 일입니다. 그런 고백이 이루어짐으로써, 고문당하고 살해당한 사람들의 가족들은 처음으로 참된 애곡의 과정을 시작할 수 있었습니다. 그리고 그렇게 함으로써, 적어도 용서의 가능성을 생각할 수 있게 되었고, 계속되는 분노와 증오에 압도되지 않고 그들의 삶을 회복할 수 있었습니다. 이 모든 과업은 인간이 되는 것에 관하여, 대부분의 서구 세계에서 값싸게 팔려나가는 유사 기독교 판 방법과는 다른 길을 보여 줍니다. 그리고 그렇게 함으로써 그것은 악의 문제에 대한 해답을 찾아가도록 도와주는 표지판이 되거나, 적어도 그런 모습의 '해답'이 이 시대에 우리를 향해 열려 있음을 확인해 줍니다.

잠시 용서의 내적인 역동에 대해 생각해보도록 합시다. 많은 독자가 목회 심리학을 배우면서 이런 내용을 들어 보았겠지만, 아마도 훨씬 적은 수의 사람만이 그 통찰을 더 커다란 문제인 악의 문제와 관련지어 생각했을 것입니다. 우리가 누군가를 용서할 때, 사실 우리는 그들을 우리의 분노와 그에 따른 결과들로부터 풀어줄 뿐만 아니라, 그들이 우리에게 행한 것의 무게와, 우리가 그들을 용서하지 않고 우리의 분노와 괴로움에 집착함으로써 경험하게 된 감정적인 불구 상태로부터 우리 자신을 해방합니다. 그러므로 용서—우리를 향한 하나님의 용서이든, 우리가 서로 용서하는 것이든, 아니면 우리가 우리 자신을 용서하는 것까지도—는 악으로부터 구원받는 것의 핵심 내용입니다. 이 장에서 제가 하려는 첫 번째 작업은, 이 통찰을 더 커다란 문제인 악의 문제와 관련짓고, 하나님과 세계와 만물의 궁극적인 해결(resolution)과 관련지어 탐구해 보는 것입니다. 그러고 나서 이 최종적인 해결을 우리 자신의 개인적이고 공동체적인 생활 속에서 앞당겨 실현하는 것이 무엇을 의미하는지를 생각해 보고자 합니다.

악에 대한 궁극적인 승리

우리는 먼저 악에 대한 하나님의 궁극적인 승리를 살펴볼 것입니다. 저는 이전 장들에서 발전이나 진보나 진화를 통해서는 악의 문제가 해결될 가능성이 전혀 없다는 것을 밝혀 놓았습니다. 만일 세상이 점진적으로 나아져서 마침내 유토피아로 변한다고 하더라도—우리는 어떠한 경우라도 그런 가능성에 대해서는 냉소적인 태도를 보이는 것이 마땅하겠지만—그 시점까지 일어났던 모든 악의 문제를 해결하지 않습니다. 저는 또한 염려컨대 몇몇 사람에게는 실망을 주었겠지만, 악이 맨 처음에 어디서 나왔으며 하나님의 선한 피조세계 속에서 무슨(what) 일을 하고 있는가 하는 질문에 대해서 조만간에는 답을 찾을 가망이 없다고 주장했습니다. 그러나 우리는 어떻게(how)라는 질문을 다룰 수 있고 다루어야만 합니다. 하나님이 요한계시록 21장에서 약속하신 것처럼 마침내 새 하늘과 새 땅을 만드실 때, 또 로마서 8장에서 약속하신 대로 마침내 피조세계를 썩어짐의 종노릇에서 해방하시고 하나님 자녀의 영광스런 자유에 참여하게 하실 때 그리고 고린도전서 15장에 선포된 것처럼 하나님이 마침내 모든 원수와 죽음 자체를 정복하시고 '만유 안에서 만유'가 되실 때, 이 모든 일이 이루어질 때, 이 새로운 세계에는 어떻게 악이 없을 뿐만 아니라, 또한 그 시점까지 수천 년 동안 일어났던 모든 악에 대한 남은 분노와 원한과 죄책의 짐이 없을 수 있을까요?

저는 그에 대한 대답이 세 곳에 있다고 생각합니다. 하나는 제3장에서 살펴보았던 것이고, 다른 둘은 여기서 다룰 주제입니다. 첫째로, 신약 성경 전체를 통해 예수님의 죽음은 비록 다양한 측면을 드러내기는 하지만, 한결같이 악과의 대결이 일어난 곳이요 악이 처리된 곳으로 여겨집니다. 비록 악은 결정적 궤멸 이후에도 계속 유독성을 드러내고 있지만 (초기 그리스도인들이 너무도 잘 알고 있었던 것처럼) 악은 이미 정복되었고 그 힘은 소진되었습니다. 둘째로, 하나님은 역시 예수님의 죽음에 근거하여 용서를 베푸실 것입니다. 그 용서와 함께 하나님은 세상을 죄책의 짐으로부터 풀어 주실 뿐 아니라, 잘못된 길로 나간 세상에 대해 항상 분노해야만 하는 짐으로부터 자신을 해방하실 것입니다. 셋째로, 하나님은 십자가의 승리를 완전히 실현하시며, 악과 혼돈과 죽음의 세력들에 대하여 마지막 승리를 이루실 것입니다. 하나님은 그들이 당신의 선한 세상에 들어온 침략자임을 폭로하시고, 그들이 가로챈 모든 권세를 무너뜨리실 것입니다. 그러므로 저는 데스몬드 투투가 쓴 책의 제목인 「용서 없이는 미래도 없다」는 인간 공동체들이 상호 적대감과 복수라는 교착 상태를 벗어나 앞으로 나아가려고 할 때 반드시 필요한 진리일 뿐 아니라, 우주적인 차원에서 하나님 자신에게도 적용되는 진리라고 말하고 싶습니다. 그리고 그것이 정말로 그러하다면, 현재의 삶에서 하나님이 약속하신 미래를 앞당겨 실현하려고 하는 우리가 이런 방식의 삶을 배우는 것은 무엇보다도 시급한 일일 것입니다.

저는 용서만이 미래의 제가 이미 언급한 성경 본문들(요한계시록, 로마서, 고린도전서) 속에 제시된 기절할 만큼 놀라운 전망을 제대로 이해하게 해준다고 생각합니다. 그런 전망은 또한 노르위치의 줄리안(Julian of Norwich)과, 그녀의 말을 떠올리게 하는 T. S. 엘리엇(T. S. Eliot)의 다음과 같은 대담한 시구 속에도 동일하게 나타납니다. "모두가 잘되고, 모든 일이 잘될 것입니다." 본래의 문맥을 떠나서는 이런 식의 희망의 말은 그 자체가 문제의 일부이며, 전혀 해결책이 될 것 같지 않습니다. 이 말을 태평스런 자유주의나 진보주의적인 낙관론의 맥락 안에 둔다면, 그것은 어깨를 으쓱하면서 이렇게 말하는 것과 같습니다. "글쎄요, 어쨌든 모든 일이 잘될 테니 그렇게까지 걱정할 필요는 없습니다." 물론 줄리안과 엘리엇 두 사람에게는 그 말이 그런 뜻이 될 수 없습니다. 줄리안은 실제 세계와 그것이 주는 고통과 난제들에 대하여 극도로 솔직하고 현실적입니다. 그리고 엘리엇은 「네 개의 사중주」(*Four Quartets*) 마지막 부분에 가서야 비로소 그 위대한 후렴구로써 "리틀 기딩"(Little Gidding)을 시작하는데, 그 앞의 시에서는 의심과 죽음이라는 주제가 굉장히 자주 등장합니다. 또한 이 작품은 「성회 수요일」이나 「황무지」 같은 다른 걸작들이 나온 후 그의 말년에 쓴 것입니다.

우리는 엘리엇의 장기간의 작품 활동 속에서도 미로슬라브 볼프의 「배제와 포용」과 같은 리듬이 나타남을 볼 수 있습니다. 아마도 엘리엇은 먼저 주위에 만연한 악을 보며 그 악을 거부해야만 했었고, 그 후에야 비로소 낙관주의가 아닌 희망을 말하는 법을 발견했던 것 같습니다. 그러나 1960년대, 70년대, 80년대에 자라난 우리는 '배제'에 대한 고민 없이 너무도 쉽게 '포용'으로 직접 나아가려는 습관을 가지게 되었습니다. 그러나 그것은 불가능합니다. 볼프의 책은 낡고 무기력하고 태평스런 자유주의 신학, 곧 엘리엇이 이 시의 앞부분에서 말한 불과 물의 죽음을 통과하지 않고도 '모두가 잘될 것이다'라는 말을 할 수 있다고 생각했던 사상의 최후 붕괴를 가리키는 표지입니다. 이 딜레마의 심층에 자리한 신학적 질문은 간단히 말해서 이것입니다. 만일 지금까지 일어난 모든 일이 계속 일어난다면(하나님 도우소서), 아무리 하나님이라 하더라도 모두가 정말로 잘되고 모든 일이 정말로 잘되는 상황을 만드는 것이 (옳고 그름을 떠나서) 어떻게 가능한가 하는 것입니다.

요한계시록의 저자는 4장과 5장에 기록된 장엄한 하늘 보좌 장면에서 이 문제를 직면하게 됩니다. 네 생물은 "거룩, 거룩, 거룩"을 노래하고, 장로들은 보좌 앞에 자신들의 관을 벗어 던집니다. 보좌에 계신 이는 일곱 인으로 봉인된 두루마리 책을 들고 계셨고, 그 두루마리는 안쪽과 바깥쪽에 모두 글이 적혀 있었습니다. 그런데 그 봉인을 떼고 두루마리를 열 자격이 있는 사람이 아무도 없었습니다. 세상을 올바른 상태로 돌려 놓고 창조의 전체 과업을 완성하시겠다는 하나님의 계획은 가로막힌 것처럼 보였습니다. 하나님은 이 세계를 인간 청지기들이 돌보도록 창조하셨으나, 하나님의 그런 계획을 이루어나갈 수 있는 사람이 아무도 없었기 때문입니다. 이것이 바로 요한계시록이 진술하는 악의 문제입니다. 하나님은 세상에 대한 계획을 세워두고 계십니다. 하지만, 세상이 하나님의 형상을 지닌 피조물인 인류의 청지기 역할을 통해 돌아가도록 설계되었으므로, 그 피조세계 자체를 무로 되돌리지 않고서는 하나님의 계획이 열매를 맺을 수 없을 것처럼 보입니다. 그리고 이것이 그 문제에 대한 요한계시록의 대답입니다. 어린양이 이기셨고 악의 권세를 정복하셨습니다. 그리고 이제(계 5:9-10) 어린양이 모든 나라로부터 사람들을 구속하시고, 그들을 하나님을 섬기고 땅을 다스리는 왕 같은 제사장으로 삼으셨습니다.

   이 주제는 신약 성경에 매우 자주 등장하면서도 기독교 신학에서는 너무도 쉽게 무시되는데, 바로 이 주제가 악의 문제에 대한 해결책의 일부입니다. 우리는 십자가가 승리를 이루었으므로 더는 이루어야 할 일이 없다고 말할 수 없습니다. 십자가는 승리를 이루었습니다. 그리고 그 결과로서, 이제 구속받은 사람들이 하나님의 지혜로운 대리인들, 청지기들이 되어 그들의 창조주를 계속 예배하게 되었습니다. 또한 그 결과로서, 그들은 계속해서 하나님의 형상을 피조세계에 반영하고, 하나님의 지혜와 치유의 질서를 이 세계에 가져오도록 준비되며, 하나님의 의롭고도 온화한 통치 아래 세상을 바로잡아 나갈 수 있습니다. 성경적 종말론을 올바로 이해하려면, 교회가 구원받은 사람들의 공동체라는 사실에만 너무 초점을 맞추어서는 안 됩니다. 그 대신에, 교회는 십자가를 통해 구속받은 사람들이 이제 나라와 제사장이 되어 하나님을 섬기고 땅을 다스리는 공동체로 간주되어야 합니다. 한편으로는 승리주의에 대한 두려움이 그리고 다른 한편으로는 최종 결말을 단순히 '천국가는 것'으로 평면화하는 태도가 결합하여, 우리에게서 이러한 성경의 중심 주제를 빼앗아가 버렸습니다. 그러나 우리가 그 주제를 제

자리로 돌려 놓을 때까지는, 우리는 신약 성경이 악의 문제에 대하여 어떤 궁극적인 해결책을 제시하는지 볼 수 없을 것입니다.

그러므로 하나님은 세상을 바로잡으실 것이고, 그 일을 피조세계를 처음 설계하셨을 때의 계획과 일치하는 방법으로 행하실 것입니다. 그리고 이제 예수님 안에서 행하신 하나님의 행위, 즉 자신을 위해 한 백성을 구속하시고 세상을 다스릴 권세를 주신 행위를 통해 하나님은 아무런 책임이 없으시다는 점이 분명해졌습니다. 하나님은 십자가를 통해 악을 정복하심으로써 악으로 하여금 다시는 하나님을 괴롭히지 못하게 만드셨습니다. 저는 이 주제를 C. S. 루이스의 탁월한 책, 「천국과 지옥의 이혼」(*The Great Divorce*, 홍성사 역간)을 읽으며 처음으로 생각해 보았습니다. 그 책에서 루이스는, 자신의 영웅인 조지 맥도널드로 하여금 궁극적으로 하나님의 사랑과 자비를 거부하는 사람이 왜 하나님이 새로운 세계를 구속하시는 것을 가로막을 수 없는지를 설명하게 합니다. 루이스의 시대 이후로 우리 문화는 도덕적 문맹의 하향길로 더욱 나아갔고, 지금 우리는 오직 피해자나 피해자라고 주장하는 사람들만이 도덕적 우월성을 주장할 수 있는 위치에 있다고 생각합니다. 그러므로 우리는 무리에서 떨어진 사람들, 자신들의 문제에 대해 해결책이 있음을 믿지 않는 것처럼 보이는 사람들, 아직도 자만심을 포기하지 않고 복음이 제시하는 값없는 용서를 받아들이지 않은 사람들에 대해 본능적인 미안함을 느끼게 됩니다. 이런 근거 위에서 원대한 것처럼 들리는 보편주의의 진술들이 제시되었습니다. 즉, 우리는 '한 영혼이라도 지옥에 남아 있는 한, 구속받은 자들이 그들의 천국을 즐기는 것은 옳지 않다'는 식의 말을 듣게 됩니다. 그리고 이렇게 무리에서 소외된 사람에 대한 연민의 감정에 호소함으로써, 우리는 그 사람에게 은혜의 승리에 대해 영원히 거부권을 행사할 수 있는 특별한 권위를 부여하게 됩니다.

그런 상황에 어울리는 오래된 말로 '여물통 속의 개'라는 말이 있습니다. 이것은 자신들은 잔치를 즐기지 않으면서 다른 사람들이 그 잔치를 즐기는 것을 방해하려는 사람을 가리키는 말입니다. 집단적 기억 속에 자리잡고 있는 과거와 현재의 모든 종류의 악이 가진 분명한 권리는, 이 결손액 즉 아직 갚지 않은 도덕적 채무 때문에 하나님의 새로운 세계가 완전히 선할 수는 없다고 선언하는 것입니다. 이 명백한 권리는 한편으로는 악의 권세를 정복한 십자가에 의해 그리고 또 다른 한편으로는 하나님의 새로운 세계 창조에 의해 전복되었습니다. 이 새로운 창조는 옛 세계를 지워 없애 버리는 것이 아니라, 구속받은 자들의 청지기직을 통하여 치유하시는 것입니다. 십자가 상에서 악을 물리치신 후에 주어진 하나님의 용서는, 지혜로운 창조주이신 하나님이 마침내 자신의 정당함을 입증하셨음을 의미합니다. 그리고 이것은 왜 진실한 기독교 신학이 그 자체로 구속의 행위인지 말해 줍니다. 처음에 하나님이 세상을 창조하심으로써 또 십자가와 용서라는 방식으로 이 세상을 구속하심으로써 어떻게 영광과 의로우심을 나타내셨는지를 이해하고 설명하려는 노력은, 그 자체로 진정한 인간 실존에 주어진 청지기적 소명의 일부입니다. 우리는 그 행위를 통해 하나님의 질서에 대한 이해를 다른 사람의 머리와 가슴에 불어넣음으로써, 사람들로 하여금 참 하나님을 경배하고 하나님의 계속되는 목적을 위해 봉사할 수 있도록 도울 수 있습니다.

그러므로 우리가 다른 사람에게 진정한 용서를 베풀 때, 그들이 그 용서를 받아들이지 않고 계속 적대감을 품는다 하더라도 우리가 더는 그들이 행한 악에 의해 제약을 받지 않는 것과 마찬가지로, 하나님이 죄를 범한 피조물들을 향해 진정한 용서를 베푸실 때, 그들이 하나님의 용서를 받아들이기를 거부한다고 하더라도 하나님은 더는 그들이 행한 악에 의해 제약을 받지 않으십니다. 그렇지 않으면, 까다로운 자들과 불평하는 자들, 탕자의 형과 같은 사람들이 드러나지는 않더라도 영원히 도덕적으로 우월한 지위를 차지하게 됩니다. 제가 이미 언급한 것처럼, 이것이 악의 기원을 설명하지는 않습니다. 그러나 그것은 우리로 하여금, 하나님의 약속대로 새로운 세계가 이루어질 때, 그 그림을 어둡게 만드는 지나간 악의 그림자들이 없어질 수 있는 이유를 이해하도록 도와줍니다.

여러분은 이렇게 말할 수도 있을 것입니다. "그래요, 다 좋습니다. 하나님은 과거에 행해진 악을 용서하실 것입니다. 그러나 악은, 대학살을 당한 유대인들에게 행해졌고, 살인 당한 사람과 그 가족에게 행해졌으며, 성폭행 당한 피해자와, 음주 운전자에게 죽임 당한 가족들과, 테러리스트의 폭탄에 죽은 사람들과 친지들에게 행해진 것입니다. 하나님은 무슨 권한으로 이런 악들이 제거될 수 있고, 더는 존재하지 않을 것이라고 말씀하시는 것입니까? 그것은 그저 악을 축소하고 사실은 또 다른 식으로 악이 별로 중요하지 않은 것이라고 말하는 것에 불과하지 않을까요? 실제로 상처입은 것은 사람이지 하나님이 아닌데, 하나님은 무슨 권한으로 그 범죄자를 용서한다고 말씀하실 수 있습니까?"

이 부분에 대해서는 더 깊은 논의가 필요하며, 여기서 제가 제안할 내용은 이 장 전체를 통해 제가 주장하는 용서의 의미에 비추어 이해되어야만 합니다. 하나님의 새로운 세계에서 하나님의 백성은 모두 죽음, 질병, 소멸 같은 것들의 지배를 벗어나게 될 것이므로, 그들이 받은 새로운 부활의 몸도 그런 것을 경험할 수 없을 것이며, 그들의 도덕적, 사색적, 인지적, 감정적 자아 또한 새롭게 될 것입니다. 그리고 그러한 갱신 속에서 그들은 완전히, 최종적으로, 자신들에게 행해진 모든 악을 용서할 수 있게 될 것입니다. 그리하여 자신들도 다시는 악에 의해 영향을 받거나 오염되지 않을 것입니다. 이런 생각을 하려면, 우리처럼 상대적으로 크게 상처받지 않았던 사람에게도 상당한 상상력의 도약이 필요합니다. 하물며, 우리가 지난 세기 동안 전 세계에서 도덕적, 육체적, 감정적으로 엄청난 고통을 받은 사람들을 생각해 본다면, 이것은 불가능한 꿈처럼 보일 수도 있습니다. 그러나 그것이 바로 부활의 약속이 실현된 모습입니다. 이것은 물론, 그저 소멸과 죽음의 현 세계만을 연구할 뿐, 우리 사이에서 사셨고, 죽으셨고, 다시 살아나신 생명의 주님을 잊어버린 사람들에게는 믿을 수 없는 일처럼 보일 것입니다. 우리의 부활한 몸에 대해 물리적인 소멸과 죽음이 다시는 힘을 발휘하지 못하는 것처럼, 끈질긴 악의 존재 때문에 늘 반복되었던 도덕의 부패와 붕괴―마음을 괴롭히는 깊은 원한이나, 긁기 어려운 가려움과 같은 질투와 분노는 물리적인 부패와 질병에 대응하는 도덕적 영적 차원의 실재들입니다―도 다가올 세계의 감정적, 도덕적 삶에서는 아무런 힘을 발휘하지 못할 것입니다. 사실, 우리는 현재의 삶에서 용서의 사람들이 되도록 부름 받습니다. 그것이 우리가 미래에 살아갈 삶이기 때문입니다. 이에 대해서는 잠시 후에 더 논의할 것입니다. 그러나 우리의 논점은(이것은 정말로 이 책의 중심 주장입니다. 그리고 적어도 악의 문제의 이러한 측면에 대한 궁극적인 대답이 됩니다), 새로운 세계에서 하나님 자신이 해결되지 않은 악의 문제로 도덕적으로 괴롭힘을 당하시지 않을 뿐 아니라, 우리도 또한 그러하다는 것입니다. 로마서 6:14에서 바울은 "죄가 너희를 주장하지 못할 것이다"라고 기록했습니다. 그리고 이 말은 현재 우리의 도덕적 삶에 대한 약속일 뿐 아니라, 우리가 받을 미래의 궁극적 축복에 대한 약속이기도 합니다. 이것이 우리가 악으로부터 구원받는 방식이며, 주님의 기도가 최종적으로 응답되는 방식입니다.

아주 강력하고 통렬한 시편인 시편 73편에서, 저는 이 방향을 가리키는 신호를 읽을 수 있습니다. 시인은 악인들에 대해 불평을 토로하면서 시작합니다. 그들은 항상 악을 행하지만, 악한 일을 당하지는 않습니다. 그래서 그는 그들을 질투합니다(3절). 그들이 하나님을 비웃으면서도 편안히 살아가기 때문입니다(10-12절). 그들은 의인들로 하여금 하나님을 섬기는 것이 정말로 무의미한 일이라고 생각하게 만듭니다(13-14절). 그런 생각을 품고 그는 하나님의 성전에 들어갑니다. 하늘과 땅이 만나는 그 장소에서 그는 다른 이야기를 보게 됩니다. 궁극적으로 악인들은 그들의 악으로부터 달아날 수 없다는 사실입니다. 실상 그들은 아주 미끄러운 곳에 서 있으며, 갑작스런 파멸을 눈앞에 두고 있습니다(18-19절). 그들은 자고 깨면 사라질 꿈과 같이 될 것입니다(20절). 그들은 놀라움이나 쓰라림이나 질투나 분노를 일으킬 수 없는 무력한 과거의 기억처럼 되어 버릴 것입니다. 그러므로 미래의 삶에서 우리의 현재의 삶을 돌아볼 때, 우리는 21절과 22절과 같이 말하게 될 것입니다. 우리는 이 삶에서 아직도 쓰라림과 분노와 질투와 악의에 사로잡히곤 합니다. 그리고 그리스도인이 된 후에도 그런 것들과 계속 싸움을 벌이고 있는 것이 사실입니다. 우리는 그런 것들이 우리를 끈질기게 따라다님을 잘 알고 있습니다. 그러나 우리는 하늘과 땅이 만나고 미래가 드러나는 장소인 하나님의 성전에서 전혀 다른 실재를 보게 됩니다.

> 내가 항상 주와 함께 하니,
> 주께서 내 오른손을 붙드셨나이다.
> 주의 교훈으로 나를 인도하시고,
> 후에는 영광으로 나를 영접하시리니,
> 하늘에서는 주 외에 누가 내게 있으리요.
> 땅에서는 주 밖에 내가 사모할 이 없나이다.
> 내 육체와 마음은 쇠약하나,
> 하나님은 내 마음의 반석이시요,
> 영원한 분깃이시라(23-26절).

이보다 훨씬 더 할 말이 많을 것이라는 점은 의심할 나위가 없습니다. 그러나 이것은 적어도 하나의 출발점이 됩니다. 하나님의 새로운 세계에 대한 성경적인 그림, 즉 죄와 불의와 죽음과 같은 것이 없는 세계는 유토피아를 꿈꾸는 사람들의 꿈과는 다른 것입니다. 그들은 순전히 진보를 통해 세계가 점진적으로 나은 장소가 되리라 생각하며, 자신들의 황금 미래를 고난 속에서 스러져 간 과거 사람들의 뼈 위에 건설하려 합니다. 그것은 성경적인 그림에 대한 천박한 패러디에 지나지 않습니다. 신약 성경이 약속하는 세계는 하나님뿐 아니라 모든 하나님의 백성이 용서를 베푸는 세계입니다. 구속받은 사람들이 누리는 큰 기쁨의 일부는, 그들이 자신에게 행해진 모든 일을 전적이고 최종적으로 용서할 수 있게 됨으로써 그들이 누리는 삶과 행복에는 과거로부터 드리워지는 그림자가 전혀 없을 것이라는 점입니다. 과거의 고통과 불의도 그들에게 더는 영향을 끼치지 못할 것입니다. 이런 그림은 예수님이 고별 강화(요 14-16장—역주)에서 현재와 미래를 대조하며 사용하신, 다른 잘 알려진 성경의 이미지와도 일맥상통합니다. 출산이 가까워지면 아이를 낳을 여자는 고통을 느끼게 됩니다.

> (그러나) 아기를 낳으면 세상에 사람 난 기쁨으로 말미암아 그 고통을 다시 기억하지 아니하느니라. 지금은 너희가 근심하나, 내가 다시 너희를 보리니 너희 마음이 기쁠 것이요, 너희 기쁨을 빼앗을 자가 없으리라(요 16:21-22).

그리고 저는 그 기쁨의 한 부분이, 육체적 고통뿐 아니라 해결되지 않은 분노와 쓰라림이 주는 정신적인 고통까지도 사라지는 것이라고 주장합니다. 우리가 용서를 받은 것처럼, 우리도 전적이고 최종적인 용서를 베풀 수 있게 될 것이기 때문입니다.

저의 이런 말 때문에, 무신론자나 불가지론자뿐 아니라 많은 그리스도인까지도 저를 비난할 수 있다는 것을 잘 알고 있습니다. 그들은 제가 미래 세계에서 모든 것이 제대로 회복될 것이라고 말함으로써 현재 세계를 별로 중요하지 않게 생각한다고 공격합니다.

저는 이런 주장에 대해 여러 곳에서 자주 반론을 폈고, 하나님의 새로운 세계나 육체의 부활에 대한 약속은 현 세계에 대해 관심을 두지 말라는 부름이 아니라, 이 세계가 선하다는 것을 재확증하는 것임을 보여 주었습니다. 그리고 부활이 현 세계를 진정으로 긍정한다는 사실은, 현 세계에 대한 무관심이 아니라, 미래 세계의 삶이 현재 세계의 삶에 최대한 영향을 끼치게 하겠다는 결심을 낳습니다. 제가 지금 제안한 내용도 실제로 이와 같은 방식으로 작용합니다. 하나님의 궁극적인 미래에 대한 비전은, '글쎄, 그 때가 되면 괜찮아질 거야'라고 말하며 모든 형태의 악에 대해 우리가 마땅히 가져야 할 관심을 축소하기는커녕, 현재의 삶에서 용서와 악의 정복이 의미하는 바를 발견하려는 노력을 다시금 배가하게 될 것입니다. 이런 논점은 우리를 이 장의 후반부로 서둘러 나아가게 합니다.

현재 삶에서의 용서

저는 지금까지 약간 압축된 형태이긴 하지만, 악의 문제에 대한 궁극적인 대답은 하나님이 창조하시는 새로운 세계, 즉 구속받고 새로움을 입은 사람들이 다스리며 하나님의 지혜와 치유의 질서를 실현하는 새 하늘과 새 땅에서 발견된다고 주장해 왔습니다. 저는 현 세계에서 존속하는 악의 존재와 권세는 그 새로운 세계를 위협할 수도 없고 거부할 수도 없다고 주장했습니다. 왜냐하면, 예수님의 부활의 능력과 유기적으로 연결된 용서의 힘이, 하나님과 하나님의 백성으로 하여금 다른 사람들의 악이 낳은 결과들을 피할 수 있게 하기 때문입니다.

이것은 모든 사람이 회개하고 하나님의 새로운 세계가 가져오는 기쁨에 동참해야만(그렇게 된다면 더할 나위가 없이 좋겠지만) 실현되는 일은 아닙니다. 물론 신약 성경 전체는 우리가 현재의 삶에서 내리는 선택이, 그 중에서도 특히 우리가 어떤 사람이 될 것인가와 관련된 선택들이, 하나님이 인정하시는 실재적이고 영원한 결과를 낳는다고 반복하여 경고합니다. 그러나 우리는 하나님의 잔치가 우리 없이 진행되는 것을 가로막으며 골을 낼 수 있는 자격이 없습니다. 우리는 탕자 이야기의 큰 형처럼 그 자리에 참석하지 않을 권리가 있고, 하나님은 우리에게 오셔서 이유를 물으실 권리가 있습니다. 그러나 우리가 참석하든 참석하지 않든 살진 송아지는 잔칫상에 차려질 것입니다. 하나님이 제시하시는 대로 잔치 초대를 받아들이는 사람은 악으로부터의 구원이라는 잔치를 즐기게 될 것입니다.

저는 그리스도인이 현재 이루어야 할 과업의 일부는 이런 종말론을 앞당겨 실현하는 것이라고 말하고 싶습니다. 이것은 현재의 삶을 변화시킬 자원을 하나님의 미래로부터 빌려오는 것이며, 현재 우리를 얽어맨 악의 사슬을 어떻게 느슨하게 만들 수 있는지를 배움으로써, 궁극적으로 누리게 될 악으로부터의 구원을 지금 미리 맛보는 것입니다. 예수님은 당신의 특별한 기도문을 통해, "우리가 우리에게 죄지은 자를 사하여 준 것 같이 우리의 죄를 사하여 주옵시고"라는 아주 비범(非凡)한 기도를 드리라고 가르치셨습니다. 예수님은 한 두려운 비유를 통해 우리가 용서하지 않으면 용서받지 못할 것이라고 경고하셨습니다. 마태복음 18장에서 엄청난 빚을 탕감받은 한 종이 동료의 쥐꼬리만한 빚을 탕감해 주기를 거부했습니다. 그러자 처음에 탕감받은 것이 무효가 되고 말았습니다. 물론 이것은 가혹하게 느껴지는 것이 사실입니다. 잠시 후에 이 문제를 다시 살펴볼 것입니다. 그러나 먼저, 용서에 대하여 자주 제기되는 한 가지 추가적인 반대에 대응하고자, 몇 가지 서론적인 언급을 덧붙이겠습니다. 여기서 저는 다시 한번 미로슬라브 볼프의 「배제와 포용」과 같은 입장을 취하고자 합니다.

여기서 제기되는 문제는 우리가 현대에 자주 접하게 되는 세 가지 상황 속에서 '용서'의 의미를 생각해 볼 때 생겨납니다. 우리 중 많은 사람이 오랜 기간에 걸쳐 가난한 나라들의 막중한 부채를 탕감(forgive)해 주자는 운동을 벌여 왔습니다. 그런데 우리가 정치인들과 은행가들과 또 다른 사람들에게서 자주 듣게 되는 대답들 중 하나는 그저 빚을 탕감해 줄 수만은 없다는 것이었습니다. 그렇게 하면 이 세상은 멈추어 버릴지도 모릅니다. 사람들은 빌린 것은 반드시 갚아야만 한다는 교훈을 배워야만 합니다. 이 말은 옳기도 하고 그르기도 합니다. 그러나 순전히 세속적 인본주의의 관점이나 단순한 이기적인 관점에서 보아도 빚의 탕감은 긍정적인 의미가 있습니다. 빚을 진 사람들이 빚으로부터 자유롭게 되면 세상과 좀 더 성숙하고 협력적인 관계를 맺을 수 있기 때문입니다. 은행가들의 주장은 기본적으로 빚의 탕감이 채무 변제의 중요성을 훼손한다는 것입니다.

당신이 만일 북아일랜드나 중동 사람들에게 공존하는 사회를 이루기 위해 서로 용서하라고 말한다면 같은 반응을 보게 될 것입니다. 그런 제안은 소동과 반발을 불러일으킵니다. 한 가지 유명한 예로, 북아일랜드의 한 아버지가 자신의 딸을 폭탄으로 죽게 한 자들을 용서한다고 말했을 때, 그리스도인들을 포함하여 많은 사람이 그를 정신이 나갔다고 말하며 비난을 퍼부었던 적이 있습니다. 중동에서 갈등의 주역들은 양편 모두 용서를 바람직한 덕목이나 필요한 의무로 생각하지 않는 종교를 신봉합니다. 그들에게 용서는 오히려 일종의 도덕적 둔감함(weakness)으로 여겨집니다. 여기서 '도덕적 둔감함'은 도덕법을 지키는 데 실패한다는 의미가 아니라, 내면적으로 도덕적 규범 자체가 결여된 것을 의미합니다. 용서를 겁쟁이들의 일로 치부했을 니체는 아마도 그들에게 동의했을 것입니다. 그들에게 주된 도덕적 표준은 정의입니다. 사람들은 잘못한 일에 대해 앙갚음을 당해야 합니다. 그러므로 그들은 용서가 정의를 무디게 만드는 것이라고 주장할 것입니다. 그들에게 정의란 완전한 보복과 응징을 의미하기 때문입니다. 그런데 양편 모두 상대편이 흉악한 일들을 저질렀기 때문에 자신들에게 보복과 응징의 권리가 있다고 믿고 있습니다. 그들은 단순히 용서하기를 원하지 않거나 용서가 어렵다고 느끼는 것이 아닙니다. 그들은 용서가 비도덕적이고 전적으로 잘못된 것이라는 열정적인 확신을 가지고 있습니다. 그것은 이미 자행된 악을 사소한 일로 간주하는 것이라고 믿기 때문입니다. 그러나 이것은 볼프나 다른 사람의 제안에 대한 반론이 될 수 없습니다. 볼프에게는 자행된 악을 인식하는 것이 용서로 가는 첫 단계이며, 용서를 대치하는 것이 아닙니다.

세 번째로, 우리는 끊임없는 논쟁의 주제인 형사적 정의(criminal justice)의 문제에서 같은 종류의 교착 상태를 발견합니다. 우리가 앞에서 살펴본 것처럼, 이 주제에 관한 일반의 감정은 지난 수십 년간 양극단을 오갔습니다. 범죄자들은 악하므로 격리되어야(또는 더 심한 처분을 받아야) 합니다. 범죄자들은 '체제'의 희생자들이므로 동정을 받아야 합니다. 범죄자들은 병자들이므로 치료를 받아야 합니다. 그리고 처음으로 돌아와서, 범죄의 피해자들이야말로 진정한 희생자들이므로 우리는 그들을 돌보아야 하고 범죄자들의 필요(혹은 권리)는 무시해야 합니다. 서구의 몇몇 국가는 '회복하는 정의'에 대한 다양한 형태의 실험을 진행했습니다. 이런 실험에서는, 범법자와 피해자 양쪽의 가족들과 친구들이 한자리에 모여 벌어진 일에 대해 이야기를 나누고 어떤 조치가 취해져야 하는지를 의논하도록 했습니다(이것은 오래된 지혜로부터 빌려온 것이며 아직도 '원시적인' 사람들 사이에서 종종 발견되는 방법입니다). 그러나 이런 노력은 많은 사람의 관심을 끌지 못했는데, 의심할 것도 없이 그 이유는 손쉬운 특종 머리기사를 원하는 기자들과 그런 것을 제공하기 원하는 정치인들에게 강한 인상을 주지 못했기 때문입니다. 오늘날 우리가 앞으로 나아갈 바른길을 찾았다고 생각하는 사람은 극소수일 것입니다.

사실 이것은 '악의 문제'가 가진 여러 가지 날카로운 모서리 중 하나일 뿐입니다. 악은 단순히 철학자들의 수수께끼가 아니라, 우리의 거리를 활보하며 사람들의 삶과 가정과 재산을 상해하는 실재입니다. 그 문제에 대해 해결책을 추구하는 것은 "왜 악이 처음부터 존재했는가?"라는 질문에 지적으로 만족스러운 대답을 찾아내는 것이 아니라, 창조주 하나님이 원하시는 치유와 회복하는 정의가 힘을 발휘하게 되는 방법을 찾는 것입니다. 언젠가는 전체 피조세계가 이러한 치유와 정의로 가득할 것이지만, 우리는 그 궁극적인 실재를 현재의 물질적 시공간 안에서 그리고 인간의 삶과 사회의 혼란스러운 실재들 안에서 앞당겨 실현해야만 합니다. 그러한 도전에 직면하여 철학과 신학이 악의 문제를 놓고 씨름하는 많은 노력은, 쏟아진 우유를 닦아내기보다는 그 앞에서 애곡하는 일종의 전위 행동(displacement activity)처럼 보입니다.

그렇다면 우리는 무엇을 행할 수 있을까요? 아마도 우리는 대부분 강포한 범죄자들을 격리해야 할 필요를 직시하는 어떤 종류의 형법에 찬성할 것입니다. 그런 사람들은 병리학적으로 볼 때 세상에서 결코 인간적인 삶을 살 수 없고 교정될 가망도 없으므로, 다른 사람들을 위해서 그리고 벌을 받아야 할 필요에 따라, 평생 감금되어 있어야만 할 것 같습니다. 그러나 교도소 생활의 현실에 대해 좀 아는 사람들은 대부분(적어도 서구의 경우에는) 우리가 그런 사람들과 함께 사소한 범죄에 휘말려 들었거나 중대하지 않은 법률 위반 행위를 한 수많은 사람을 감옥에 집어넣고 있음을 알고 있습니다. 만일 다른 형태의 처벌이 가능했다면(예를 들면, 가난한 지역이나 도움이 필요한 곳에서 의무적인 사회 봉사를 하게 하는 등), 그들은 범죄자의 생활을 벗어나 과거를 청산하고 책임 있고 창조적인 사회의 일원으로 살아갈 수 있었을 것입니다. 그러나 우리가 이런 방법을 실행하려 할 때마다, 수많은 사람이 들고 일어나, 그것이 악을 진지하게 취급하지 않고 범죄에 대해 무르게 대응하는 것이라고 우리를 비난합니다. 이제 이런 주장에서 뭔가 친숙함마저 느껴집니다. 우리가 첫 장에서 본 것처럼, 우리는 악이 정말로 심각한 문제가 아니라고 생각하는 사람들과, 악을 발견할 때마다 격렬히 비난을 쏟아붓는 사람들 사이에서 동요하는 운명을 벗어나지 못할 것 같아 보입니다.

이 세 가지 사례—국제 경제, 국가 간 인종 간의 갈등, 형사적 정의—는 우리가 보통은 훨씬 더 인격적이고 친밀한 수준에서 경험하는 용서의 문제에 대한 리트머스 시험의 역할을 합니다. 어떤 사람이 우리에게 상처를 주는 행동을 했을 때 우리는 어떻게 반응해야 합니까? 이 질문에 대해 어떤 사람은 즉시 용서의 명령을 언급할 것입니다. 그리고 예수님의 말씀들 중 마태복음 18장 같은 예외적으로 엄격한 말씀을 들어 자신의 견해를 증명하려 할 것입니다. 그러나 어떤 사람이 우리에게 용서의 의무를 강요하면, 다른 사람이 즉시 "하지만, 그것은 그들에게 마땅한 책임을 묻지 않는 것입니다" 혹은 "그것은 악을 중대한 문제로 취급하지 않는 것입니다"라고 항변할 것입니다. 바로 이것이 볼프가 자신의 책에서 초점을 맞추어 다루려고 했던 문제입니다.

우리가 반드시 붙잡아야만 할 통찰은, 용서가 관용(tolerance)과 같은 것이 아니라는 점입니다. 오늘날 우리는 귀가 따갑도록 '포용적'(inclusive)이 되어야 한다는 말을 듣고 있습니다. 예수님은 모든 부류의 사람들을 있는 모습 그대로 받아들이셨습니다. 그러므로 교회는 용서를 믿으므로, 이혼한 사람들을 조건 없이 재결합시켜야 하고, 부정직함 때문에 해고된 직원을 복직시켜야 하며, 어린이 성추행 전과자를 어린이 관련 직장에 돌려보내야 합니다. 물론, 우리는 마지막 말은 하지 않습니다. 그것은 적어도 우리에게 상식적인 사고의 흔적이 조금은 남아 있다는 증거입니다. 그러나 용서는 결코 관용이 아닙니다. 용서는 포용성과도 같지 않습니다. 용서는 또한 개인적인 혹은 도덕적인 무관심과도 다릅니다. 용서는 결코 악을 진지하게 다루지 않는 것이 아닙니다. 오히려 그 반대입니다.

사실 용서는 우리가 악을 이중으로 진지하게 다루는 일입니다. 먼저 용서는 단호한 태도로 악에 이름을 붙이고 악을 치욕적인 것으로 만드는 것입니다. 그 과정 없이는 용서할 일 자체가 없습니다. 그 다음으로 용서는, 똑같이 단호한 태도로, 악이 처리된 후에 죄를 범한 사람과 적절한 관계를 재개할 수 있도록 우리가 할 수 있는 모든 것을 다 행하는 것을 의미합니다. 마지막으로, 용서는 우리가 이후에 어떤 사람이 될 것인가를 악으로 하여금 결정하도록 허락하지 않겠다고 결심하는 것을 의미합니다. 이것이 용서가 의미하는 바입니다. 그것은 어려운 일입니다. 행하기도 어렵고 받기도 어렵습니다. 하지만 용서가 정말 일어날 때는, 단순히 저항의 최소화만 생각하는 무기력한 관용과는 달리 매우 강력한 힘을 발휘합니다.

이 점에 대해 좀더 자세히 말해 보겠습니다. 용서는 "저는 괜찮았습니다" 혹은 "별일 아니었습니다"라고 말하는 것이 아닙니다. 결코 괜찮지 않습니다. 그 일은 정말로 중요한 일이었습니다. 그렇지 않다면 용서할 일 자체가 없는 것이며, 필요한 일은 그저 그 일에 대한 자신의 태도를 고치는 것뿐입니다(우리는 오늘날 사람들이 과거에 다른 사람의 잘못이라고 믿었던 일에 대해 태도를 바꾸게 되었다는 이야기를 자주 듣습니다. 그것은 용서가 아닙니다. 제가 어떤 사람에 대해 잘못된 태도를 보이고 있었다면 그리고 제가 저의 태도를 바꾸어야 할 필요가 있었다면, 그것은 용서하는 것이 아닙니다. 용서가 필요한 사람은 그들이 아니라, 오히려 잘못된 태도를 고집하고 있던 저 자신일 것입니다). 또한 용서는 "그 일이 아예 일어나지 않았다고 생각하자!"라고 말하는 것과도 다릅니다. 이 문제는 조금 더 까다로운 면이 있이 있습니다. 그 일이 일어나지 않았던 것처럼 행동하는 데까지 나가려고 노력하는 것이 용서의 한 가지 측면이기 때문입니다. 그러나 그 일은 사실로 일어났습니다. 그리고 용서는 그 일이 일어나지 않은 척하는 것은 아닙니다. 용서는 그 일이 일어난 사실을 직시하고, 그 일이 우리 사이를 가로막지 못하도록 치워 버리려는 도덕적 의지를 가지고 의식적인 선택을 하는 것입니다. 다시 말하면, 용서는 벌어진 일이 악하며 단순히 개의치 않을 일로 치부할 수 없다는 것을 전제로 합니다. 만일 그렇게 한다면 분노는 억압되고 사람들은 서로 신뢰하지 않으며 점점 더 멀리하게 될 것입니다. 그러므로 신약 성경이 우리에게 명령하는 대로, 모든 문제를 드러내 놓고 진지하게 다루는 것이 훨씬 더 좋은 길일 것입니다.

이 모든 논의는 우리를 마태복음에서 가장 도전을 주는 장이라고 할 수 있는 18장의 내용으로 이끕니다. 여기서 예수님은 이웃에 대한 소송과 관련된 유대교 율법을 인용하시면서, 자신을 따르는 자들의 상황에 맞추어 그 내용을 발전시키십니다. 우리는 한쪽에 15-20절을, 다른 쪽에 21-22절을 두어야 합니다. 저는 너무도 많은 사람이 한쪽 말씀은 행하고 다른 쪽 말씀은 행하지 않거나, 그 반대로 하고 있다고 생각합니다.

네 형제가 죄를 범하거든, 가서 너와 그 사람과만 상대하여 권고하라. 만일 들으면 네가 네 형제를 얻은 것이요, 만일 듣지 않거든 한두 사람을 데리고 가서 두세 증인의 입으로 말마다 확증하게 하라. 만일 그들의 말도 듣지 않거든 교회에 말하고, 교회의 말도 듣지 않거든 이방인과 세리와 같이 여기라. 진실로 너희에게 이르노니, 무엇이든지 너희가 땅에서 매면 하늘에서도 매일 것이요, 무엇이든지 땅에서 풀면 하늘에서도 풀리리라. 진실로 다시 너희에게 이르노니, 너희 중의 두 사람이 땅에서 합심하여 무엇이든지 구하면, 하늘에 계신 내 아버지께서 그들을 위하여 이루게 하시리라. 두세 사람이 내 이름으로 모인 곳에는 나도 그들 중에 있느니라(마태복음 18:15-20).

마태복음 18:15-20은 용서의 명령이 무엇이 아닌지 분명하게 말해 줍니다. 그것은 사람들로 하여금 책임을 회피하게 하는 것이 아닙니다. 여기에서 다시 볼프가 말한 '배제'가 등장합니다. 누군가가 잘못을 저질렀을 때는(개인적인 수준의 문제에 대해서도), 그 일에 대해 수군거리거나 소문을 퍼뜨리거나 원한을 쌓아 두어 곱게 하거나 복수할 계획을 세우는 것이 아니라, 직접 찾아가서 말하는 것이 옳습니다. 불행하게도, 제 경험으로 보면 이런 행동을 가장 잘하는 사람은 남의 잘못 지적하기를 즐기는 사람들입니다. 아마도 이 일을 행할 수 있는 참된 자격 요건은, 마음 속 깊이 그 일을 하지 않아도 되기를 바라며 문을 두드리기 전에 먼저 은혜와 용기를 구하며 기도할 필요를 느끼는 태도일 것입니다. 그 후에도 일은 조금도 쉬워지지 않습니다. 그 사람이 당신의 말을 듣지 않고 그 문제를 직면하려 하지 않는다면, 당신은 다른 그리스도인 한 사람을 데리고 가야 합니다. 그래도 듣지 않으면, 하나님 백성의 총회에 말해야 합니다. 이런 절차는 악을 매우 심각하게 취급하는 것입니다. 저는 우리가 대부분 이러한 심각성의 문턱에도 이르지 못했다고 생각합니다. 물론, 그 잘못이 지역 교회의 핵심적인 부분에 영향을 끼치는 재정적인 비리나 성적인 추문이라면, 우리는 아마도 그런 조치를 취해야만 할 것입니다. 안타깝게도, 가끔은 사람들이 그런 경우에조차 다른 방법을 찾으려고 온갖 노력을 하며 문제가 그저 사라져 버리기를 바랍니다. 그러나 요즈음 대부분의 경우에 우리는 그런 일들에 대해서 매우 엄격합니다. 그런데 그런 엄격함이 내부에서 생겨나기보다는(안타깝게도) 종종 외부로부터 압력을 받아 이루어지는 경우가 많습니다. 그러나 예수님은 우리가 서로 대화를 통해 문제를 해명하고 잠자리에 들기 전에 거리낌이 있는 문제들을 모두 해결하면서 가족처럼 함께 살아야 한다고 말씀하십니다. 바울이 에베소서 4:26에서 권고하듯이, 우리는 화가 난 채로 해가 지게 해서는 안 됩니다. 그것은 어려운 일입니다. 하지만 심오한 지혜가 담긴 진지한 조언입니다. 이것은 분노를 느끼는 우리나 우리를 향해 분노를 느끼는 사람이나 모두를 치유할 수 있는 조언입니다.

그러나 아픔이 있을 것을 알면서도 서로 눈을 마주 보며 진리를 말하라고 하는 높은 수준의 요구는, 같은 수준의 어려운 요구인 항상 용서하라는 명령에 의해 곧 균형이 맞추어집니다. 예수님이 요구하시는 내용의 상징적 깊이를 눈여겨보십시오. 베드로가 "형제를 일곱 번 정도 용서해 주면 될까요?"라고 물었을 때, 예수님은 "아니다, 일곱 번이 아니라 일흔 번씩 일곱 번이니라"라고 대답하셨습니다. 성경을 아는 주후 1세기 유대인이라면, 이 말에 담긴 메아리를 분명히 들었을 것입니다. 다니엘 9장에서 다니엘은 천사에게 이스라엘이 바빌론에 포로로 잡혀 있는 기간이 얼마가 될 것인지 묻습니다. 과연 예레미야가 예언한 것처럼 70년이 될 것입니까?(9:2) 천사는 그렇지 않다고 대답합니다. 그 기간은 70년이 아니라 일흔 이레(70×7)가 될 것이다(9:24). 그 기간이 지나면—이 부분을 주목하십시오—"허물이 그치며, 죄가 끝나며, 죄악이 용서되며, 영원한 의가 드러나게" 될 것이다. 이스라엘이 바빌론에 포로로 잡힌 것은 그들의 죄의 결과였습니다. 하나님은 자신의 백성의 사로잡힘이라는 문제뿐 아니라 그들의 죄악의 근본적인 원인까지도 다루셔야만 했습니다. 예수님의 말씀은 바로 이 곳에서 새로운 시대, 용서의 시대가 시작되었으며, 그분의 백성이 그 시대를 몸으로 나타내야만 한다는 뜻이었습니다.

이 말씀의 배경에는 또한 레위기의 희년 계명이 놓여 있습니다. 일곱이 일곱 번 반복되면 모든 빚이 탕감되어야 합니다. 이 규정이 고대 이스라엘의 어느 시기에 어느 정도나 철저하게 실행되었는지는 분명하지 않습니다. 그러나 이 규정은 거룩한 사회 경제 질서를 부여받은 하나님 백성의 삶에서 매우 분명한 그리고 우리에게는 매우 반문화적인 경계표가 됩니다. 희년의 명령은 교회가 오랫동안 거리낌 없이 무시해 왔던 계명들 중 하나며, 오늘날에야 우리가 세계의 거대한 경제적 불평등을 경험하면서 새롭게 발견하고 있는 말씀입니다.

이 모든 내용이 주님의 기도를 따라 "우리가 우리에게 죄지은 자를 사하여 준 것 같이, 우리 죄를 사하여 주옵시고"라고 기도하라는 명령의 배후에 놓여 있습니다. 예수님은 끊임없이, 자신의 사역 속에서 새로운 언약이 도래하였고, 자신을 따르는 자들이 포로됨에서 귀환한 백성으로서 그러므로 또한 죄 용서의 백성으로서 살아가야 한다고 끊임없이 선언하십니다. 용서의 명령은 단순히 고고한 도덕주의자들을 위해 새롭게 제시된 더 엄격한 윤리 항목이 아닙니다. 그것은 예수님이 자신의 사역을 통해 시작하셨고 자신의 죽음과 부활을 통해 확증하신 새로운 상황에 직접적으로 기인합니다. 그분은 "이 잔은 나의 피로 맺은 새로운 언약이며, 나의 피는 너희와 많은 사람의 죄 용서를 위해 흘리는 것이니라"라고 말씀하셨습니다. 속죄는 단순히 원하는 사람에게 하나님의 용서를 구할 수 있게 해주는 추상적인 거래가 아닙니다. 그것은 악을 정복하고 하나님의 새로운 시대를 열어 놓은, 경악할 정도로 거대하게 우뚝 솟아 있는 성취였습니다. 그리고 그리스도를 따른다는 우리의 주장은, 오로지 우리가 용서의 법을 따라 살 때만 그리고 위에서 말한 값싼 모조품이 아닌 진지한 용서를 실천할 때만 유효한 주장이 될 수 있습니다. 그런 삶을 통해서만 우리는 악의 문제에 대한 올바른 기독교적 답변을 드러낼 수 있습니다. 그것은 이론이 아니라 삶이며, 최종적으로 모든 악이 제거될 다가올 시대에 그 정당성이 확인되고 입증될 삶입니다.

이 모든 것을 이해할 때 우리는 마태복음 18장 마지막 부분에 나오는 아주 난해한 비유를 성공적으로 해석할 수 있으리라는 기대를 품을 수 있습니다.

> 그러므로 천국은 그 종들과 결산하려 하던 어떤 임금과 같으니, 결산할 때에 만 달란트 빚진 자 하나를 데려오매 갚을 것이 없는지라. 주인이 명하여
> "그 몸과 아내와 자식들과 모든 소유를 다 팔아 갚게 하라" 하니,
> 그 종이 엎드려 절하며 이르되
> "내게 참으소서 다 갚으리이다" 하거늘,

그 종의 주인이 불쌍히 여겨 놓아 보내며 그 빚을 탕감하여 주었더니, 그 종이 나가서 자기에게 백 데나리온 빚진 동료 한 사람을 만나 붙들어 목을 잡고 이르되,

"빚을 갚으라" 하매,

그 동료가 엎드려 간구하여 이르되,

"나에게 참아 주소서 갚으리이다" 하되,

허락하지 아니하고, 이에 가서 그가 빚을 갚도록 옥에 가두거늘, 그 동료들이 그것을 보고 몹시 딱하게 여겨 주인에게 가서 그 일을 다 알리니, 이에 주인이 그를 불러다가 말하되

"악한 종아 네가 빌기에 내가 네 빚을 전부 탕감하여 주었거늘, 내가 너를 불쌍히 여김과 같이 너도 네 동료를 불쌍히 여김이 마땅하지 아니하냐?" 하고,

주인이 노하여 그 빚을 다 갚도록 그를 옥졸들에게 넘기니라.

너희가 각각 마음으로부터 형제를 용서하지 아니하면, 나의 하늘 아버지께서도 너희에게 이와 같이 하시리라(마태복음 18:23-35).[13]

저는 꽤 괜찮은 어떤 그리스도인들이 이 비유는 큰 소리로 낭독해서는 안 되는 비유라고 말하는 것을 들은 적이 있습니다. 그렇게 한다면 마지막 부분에 가서 쓴웃음을 짓게 된다는 것입니다. 그들은 비유의 마지막 줄은 예수님이 정말로 말씀하고 의도하셨던 내용에 편집자가 덧붙인 것임이 틀림없으며, 비유의 본래 의도를 상당히 흐리고 왜곡하는 첨가라고 보았습니다. "너희가 각각 마음으로부터 형제를 용서하지 아니하면, 나의 하늘 아버지께서도 너희에게 이와 같이 하시리라." 하나님이 정말로 그런 분이실까요? 어

떻게 이미 용서한 사람들을 다시 벌주시겠다고 하실 수 있습니까?

그러나 이런 반대는 사람의 내면에서 용서의 논리가 실제로 어떻게 작용하는지를 제대로 인식하지 못한 결과입니다. 예수님은 인위적이고 추상적인 명령을 하나 주시면서, 이 시험을 통과하지 못하면 하나님이 너를 용서하지 않으실 것이라고 말씀하시는 것이 아닙니다. 이것은 도저히 닿을 수 없는 높이에 도덕적인 가로대를 놓고 어떻게든 그 높이를 뛰어넘지 않으면 하나님이 영원히 골이 난 상태로 계실 것이라고 경고하는 말씀이 아닙니다. 예수님은 우리로 하여금 도덕적 우주와 인간의 본성에 관한 한 가지 사실에 주목하게 하십니다. 그분은 결국 우리 속에 있는 용서를 받아들이는 기관과 용서를 베푸는 기관은 같은 것이라고 말씀하시는 것입니다. 우리가 이쪽을 열면 저쪽도 열리고, 이쪽을 쾅하고 닫으면 저쪽도 쾅하며 닫힙니다. 하나님은 멋대로 고집을 부리고 계신 것이 아닙니다. 만일 당신이 모든 사소한 흠을 잡아 이웃을 정죄하고, 각각의 문제가 (아마도 복수를 통해서) 처리될 때까지 그를 당신의 분노 아래 묶어 둔다면, 당신은 또한 하나님의 관대한 용서를 받아들이고자 마음을 열 수가 없을 것입니다. 아마도, 애초부터 자신에게 용서가 필요하다는 것을 인정하지 않을지도 모릅니다.

여기에서 우리는 용서에 대해 앞에서 언급했던 논점으로 돌아오게 됩니다. 용서는 용서받는 사람만이 아니라 용서하는 사람도 풀어 줍니다. 우리는 이와 관련된 사례를 쉽게 떠올릴 수 있을 것입니다. 제가 여러분 중 하나가 제 발을 밟은 것을 용서한다면, 저는 당신을 죄책감의 짐으로부터 풀어 주는 것입니다. 그 사람은 다음 날 저를 만났을 때 제가 아직도 화가 나 있으리라 생각할 필요가 없고, 앞으로 제가 다르게 대할 것이라거나 방심하는 사이에 제가 그의 발을 밟으려고 할지도 모른다고 염려할 필요가 없습니다. 그러나 저는 또한 저 자신을 풀어 줍니다. 저는 화가 난 채로 잠자리에 들지 않아도 되고, 이리저리 뒤척이며 어떻게 복수할 것인지 궁리하지 않아도 됩니다. 발을 밟는 것에서 훨씬 더 심각한 잘못의 문제로 범위를 확대해 보면, 용서는 우리가 누군가를 분노의 복수나 다른 결과들의 위협으로부터 풀어 주는 것일 뿐 아니라, 또한 우리의 남은 인생이 분노와 쓰라림과 원한으로 소모되지 않게 하는 것입니다. 좀더 긍정적인 말로 표현하자면, 용서는 우리 모두를 해방하고 서로 존중하는 즐거운 관계가 지속할 수 있는 자유를 줍니다.

이 모든 것이 그저 이기적인 말로 들릴 수도 있습니다. 여러분은 제가 당신을 용서하는 것이 사실은 저 자신의 감정을 좀더 편안하게 만들고자 하는 행동이라고 이해할 수도 있습니다. 그러나 한 가지 중요한 사실이 있습니다. 우리가 단순히 자신의 감정적인 초과 인출을 무마하고자 다른 사람을 용서한다면, 용서는 효과를 내지 못할 것입니다. 단지 진정한 용서가 주는 효과의 부스러기 정도만 맛볼 수 있을 뿐입니다. 그것은 그저 자기 중심적인 감정 게임이 될 수도 있으며, 그럴 때는 오히려 해를 입게 됩니다. 만일 당신이 사랑을 돌려받고자 사랑을 베푼다면, 당신이 베푸는 것은 사랑이 아니며, 당신이 돌려받는 것도 사랑이 아닐 것입니다. 당신이 그런 내리막길로 내려간다면 당신은 애초에 용서를 베풀기 전보다도 더 나쁜 상태가 됩니다.

서로 용서하라는 명령은 우리가 미래에 받기로 약속된 것, 즉 '모두가 잘되고 모든 일이 잘되는' 하나님의 새로운 세계를 현재의 삶에서 실현하라는 명령입니다. 사람들이 용서하고 용서받는 것을 거부하는 것은 여전히 가능한 일입니다. 그러나 그런 사람들에게, 하나님과 하나님의 미래 세계가 그들을 위해 대가를 치르도록 할 권리나 기회는 더 이상 허락되지 않을 것입니다. 결국, 도덕적인 우주는 그들의 불평을 중심으로 돌아가게 됩니다. 그리고 하나님의 미래 세계의 요소를 현재의 삶에서 실현하는 다른 모든 시도와 마찬가지로, 용서도 적절한 영성 훈련을 통해서만 실천할 수 있습니다. 그것은 '저절로 일어나는' 일이 아닙니다. 소위 '천성적으로' 용서를 실행할 수 있는 사람은 아무도 없습니다. 우리는 그것을 어떻게 행할 수 있는지 배워야만 합니다. 교회가 이에 관한 교훈을 한동안 가르치지 않았기 때문에 그것은 몹시 어려운 일이 되었습니다. 이 부분이 바로 우리가 성경이 가르치는, 이미 시작된(inaugurated) 종말론의 삶, 곧 미래의 빛에 비추어 현재의 삶을 살아가는 삶을 새롭게 이해할 필요가 있는 부분입니다. 처음에는 이것을 이해하기가 쉽지 않지만, 노력을 하면 할수록 점점 더 잘 이해할 수 있습니다. 마찬가지로, 그런 삶을 사는 것 또한 수고가 필요한 일입니다. 이를 위해서는 기도와, 생각과, 당신의 정신과 마음의 상태에 도덕적인 주의를 기울이는 것과, '본성적으로 나오는' 행동과 매우 다른 방식으로 생각하고 행동하려는 도덕적 노력이 필요합니다.

우리가 지구 제국과 국제적 채무의 문제, 형사적 정의와 형벌의 문제, 전쟁과 국제 분쟁에 대해 생각하면서, 힘들지만 다양한 측면으로 용서를 제안하는 것이 우리의 궁극적인 목표가 되어야 합니다. 이런 각각의 영역에는 악에 이름을 붙이고, 악에 저항할 수 있는 적절한 방법을 찾고 그리고 동시에 용서와 화해와 보상과 회복을 추구하며 일해야 하는 과제가 있습니다. 저의 소망은, 이러한 빛에서 문제를 바라보기 시작하는 사람들이 이런 문제들에 관한 생각을 좀더 발전시켜서, 용서와 같은 기독교 복음의 중요하고 핵심적인 요소가 개인의 삶이나 교회 내의 관계에서 뿐 아니라 공적이고 정치적인 삶의 영역에서도, 국가적이고 지구적인 수준에서 실천될 수 있는 다양한 방법을 찾아내게 되는 것입니다.

여기서 한 가지 반드시 덧붙여야 할 말이 있습니다. 우리는 주님의 기도의 마지막 부분, 악으로부터 구해 달라는 기도를 어떻게 우리 자신에게 적용해야 합니까? 저는 하나님이 예수님의 죽음을 통해 우리를 용서하셨다는 것을 믿을 수 있습니다. 저는 저의 이웃을 어떻게 용서해야 하는지도 배울 수 있습니다. 그러나 저는 정작 저 자신을 용서할 수 있을까요? 이것은 아주 다른 질문입니다.

예수님은 우리에게(구약 성경의 말씀을 상기시키며) 우리가 우리 자신을 사랑하는 것처럼 이웃을 사랑하라고 말씀하셨습니다. 여기서 먼저 주의해야 할 점은, 기본적으로 예수님은 감정에 대해 말씀하신 것이 아니라는 점입니다. 일반적으로 유대교와 기독교의 사고에서 '사랑'은 일차적으로 행동이지 감정이 아닙니다. 감정은 종종 행동에 뒤따르게 되며, (어떤 현대 사상에서처럼) 그 순서가 거꾸로 되지는 않습니다. 그러므로 예수님의 가르침에서 '나 자신을 사랑하는 것'은 현대의 치료 운동이 말하는 '자신에 대해 좋은 감정을 가지는 것'이 아닙니다. 그런 감정은 있을 수도 있고 없을 수도 있습니다. '사랑'의 의미는 무엇보다도, 당신이 자신의 삶을 위해 깊이 생각하고 현명한 계획을 세우는 것과 마찬가지로, 누군가를 염려하고, 돌보고, 그들의 필요를 미리 보는 것입니다.

때때로 그리스도인 도덕주의자들은, 서로 사랑하라는 부름을 받을 때 우리가 우리 자신을 그 대상에서 제외하게 되면 자신이 더는 중요하지 않다고 상상하게 되고, 결과적으로 부정적인 자아상을 발전시키기가 쉽다는 점에 대해 주의를 환기시켰습니다. 그들은 우리가 이웃을 우리 자신처럼 사랑하려면, 그 기준이 무엇인지 알기 위해서라도 먼저 자신을 사랑할 필요가 있다는 것을 올바르게 지적했습니다. 이것은 잘 알려진 내용이며 좋은 논점입니다. 그런데 같은 논점이 좀더 미묘한 방식으로 용서에 관한 질문에도 적용됩니다. 목회 경험이 조금이라도 있는 사람은 이런 말을 하는 사람을 만나보았을 것입니다. "하나님이 저를 용서하신다는 것은 알았습니다. 그러나 저는 저 자신을 용서할 수가 없습니다." 우리는 그들의 말을 이해할 수 있습니다. 그러나 저는 바로 이 부분에서 사람의 마음과 상상력과 감정—저는 다른 곳에서 영혼은 '하나님의 임재 앞에 있는 나'를 일컫는 말이라고 주장했습니다—이나 "[우리를] 악에서 구하옵소서"라는 기도가 절실히 필요해진다고 말하고 싶습니다. 제가 조금 전에 주장한 것처럼, 다른 사람을 용서하는 것은 영적인 훈련이 필요한 일입니다. 그런데 저 자신을 용서하고 하나님이나 저의 이웃이 (제가 복 받은 사람이라면) 기쁘고 관대하게 베푸는 용서를 제 가슴에 울려 퍼지게 하는 데에는, 그것과 관련이 있으면서도 조금 다른 영성 훈련이 필요합니다. 여기서도 역시 우리가 해야 할 일은, 하나님의 궁극적인 미래로부터(그 미래에 저는 예수님과 성령님의 사역 때문에 완전한 사랑과 용납을 받게 될 것입니다) 자기 존중감을 가져오는 것입니다. 이런 자기 존중감은 자아성찰이나 '나 정도면 별로 나쁜 사람은 아니지'라는 생각에서 오는 것이 아니라, 하나님의 사랑을 바라보고 그 사랑과 나 사이를 가로막을 것이 아무것도 없음을 발견하는 데서 오는 것입니다. 이렇게 놀랍고 고마운 마음으로 하나님의 값없이 주시는 은혜와 사랑을 받아들이는 것, 이것이 바로 어떤 전통들이 '이신칭의'와 관련된 바울의 언어를 상기시킴으로써 전달하려고 했던 내용입니다.

　이것은 정신적, 감정적, 영적 건강에도 매우 중요합니다. 하나님의 용서를 받아들이는 훈련, 곧 우리의 용서 수용 기관이 복음에 반응하도록 훈련하는 일은, 우리가 그 내면의 기관을 최대한 활짝 열고, 자신을 용납―자신의 현재의 모습을 인정하고 그 모습을 편하게 받아들이는 것, 이것이 한 가지 중요한 차원입니다―하고 또한 우리 자신을 용서하는 일―이것은 또 다른 차원입니다―의 비밀을 배우려고 하는 것입니다. 자기 자신을 용서하는 일은, 다른 사람과 하나님과 또 하나님의 형상으로 지음 받은 자기 자신을 향해 죄악되고 상처를 주며 손상을 입히는 행위를 하였음을 인식하고, 하나님이 용서하셨으므로 스스로도 하나님의 인도를 따라 자신을 용서하는 법을 배워야만 함을 인정하는 것입니다. 물론, 이것은 우리가 지금까지 생각해 본 다른 용서들과 마찬가지로, 자신의 잘못이 그렇게 나쁜 일이 아니라고 여기거나, 그 일이 전혀 일어나지 않았다는 듯 행동하거나, 별로 중요한 문제가 아닌 것으로 간주하는 것이 아닙니다. 그것은 나쁜 일이었고, 정말로 일어났고, 중요한 문제였습니다. 그러나 하나님이 그 문제를 처리하셨고 여러분을 용서하셨다면 (그리고 다른 사람이 개입되었던 경우에는 여러분이 가능한 한 피해에 대해 보상을 했다면), 여러분이 자신을 용서하는 법을 배우는 것도 진정한 그리스도인의 삶의 한 부분입니다.

물론, 우리가 말하는 주제가 관용이나 무관심이 아니라 용서이므로, 이 과정에는 반드시 포용뿐 아니라 배제도 포함됩니다. 그것은 우리가 용서할 일이 무엇이었든지 간에 그 일에 대해 '아니오'라고 말하는 것입니다. 그렇게 함으로써 비로소 우리는 하나님과 하나님의 용서에 대해 '예'라고 말할 수 있습니다. 이를 위해서는 분명 기도와 예배는 물론 현명한 상담가의 도움도 필요할 것입니다. 그러나 그것은 우리가 부름 받은 길이며 영적인 건강함으로 나아가는 길입니다. 죄책감에 계속 집착하는 사람은 안타깝게도 그 짐이 견딜 수 없을 만큼 커지게 되면 그런 감정을 쉽게 다른 사람에게 전달하게 됩니다. 과연, '[우리를] 악에서 구하옵소서'라는 기도에 대한 응답의 한 부분은 우리가 우리 자신을 용서하는 법을 배우는 것입니다. 그것은 우리 자신을 위한 일이며 동시에 우리 주위에 있는 사람들을 위한 일이기도 합니다.

나오는 말

악의 문제에 대한 이 모든 논의는 우리를 어디로 이끌어 왔습니까? 저는 악의 문제가 철학에서 시도한 것처럼 고전적인 방식으로는 결코 해결할 수 없는 문제라고 주장했습니다. 그런 접근법은 특히 예수 그리스도 안에서 계시된 하나님과는 다른 신을 전제하는 경향이 있기 때문입니다. 우리가 그 방정식에 성경을, 특히 예수님에 관한 복음서의 이야기를 대입하면, 그림이 좀 복잡해지기는 하지만 궁극적으로는 아주 풍부해지며, 문제가 새로운 자리로 옮겨지게 됩니다.

우리에게 주어진 것은, 우리의 당혹스러운 질문—하나님이 지으신 놀랍고 아름답고 본질적으로 선한 세계에 어떻게, 왜 뿌리깊은 악이 존재하는가?—에 대한 만족스러운 대답은 아니었습니다. 저는 언젠가는 우리가 그 질문에 대한 답을 알게 되리라고 생각합니다. 그러나 당분간은, 마치 어머니의 자궁 안에 있는 아기가 이해할 수 있는 생각의 범주가 부족하여 바깥세상을 이해할 수 없는 것처럼, 우리도 그 문제를 완전히 헤아릴 수 없을 것입니다. 그러나 우리는 하나님이 모두가 잘되고 모든 일이 잘되는 세계, 용서가 초석이 되며 화해가 모든 것을 굳게 결합하는 시멘트가 되는 세계를 만드실 것이라는 약속을 받았습니다. 이것은 어둠 속에서 허공을 향해 호루라기를 부는 것처럼 아무 증거가 없어도 믿어야만 하는 약속이 아닙니다. 이 약속은 예수 그리스도 안에서 그분의 죽음과 부활을 통해 주어졌고, 우리의 세계와 삶에서 예수님이 성취하신 것을 실재로 만드시는 성령님 안에서, 성령님을 통하여 주어졌습니다. 용서는 예수님과 성령님의 사역으로부터 흘러나오는 무엇이며, 우리에게는 매우 생소하지만 또한 아주 강력한 실재입니다. 용서를 이렇게 이해할 때, 우리는 우리를 향한 하나님의 용서와 다른 사람을 향한 우리의 용서가 우리를 묶고 있는 죄와 분노와 두려움과 비난과 죽음의 끈을 잘라내는 칼이라는 것을 깨닫게 됩니다. 마지막 때에 악은 우리를 향해 아무런 할 말이 없을 것입니다. 왜냐하면 십자가의 승리가 완전히 실현될 것이기 때문입니다.

이제 우리는 출발점으로 되돌아가고 있습니다. 새 하늘과 새 땅에는 더 이상 바다가 없을 것이며, 혼돈도 없을 것이고, 무저갱에서 올라오는 괴물들도 없을 것입니다. 그러나 무엇보다도 좋은 소식은, 모든 기독교 종말론이 한목소리로 말하는 것처럼, 우리가 악으로부터의 구원을 맛보려고 미래를 기다릴 필요가 없다는 사실입니다. 우리는 지금부터 이런 방식의 삶을 시작하라는 초대와 부름과 명령을 받습니다. 그러나 이렇게 살려면 우리는 어려운 문제들에 봉착하게 됩니다. 자신과 이웃을 용서하려 할 때 즉시 부딪히게 되는 문제들이 있는가 하면 현재의 세계를 사람들이 더는 테러리스트가 되기를 원치 않는 세상, 다시는 사람들이 서로 과중한 채무를 지우고 상대편을 노예로 만들지 않는 세상, 자연스런 삶의 조건들이 위험에 처한 사람들이 공권력에 의해 특별한 보호를 받는 세상으로 변화시키고자 할 때 부딪히는 실제적이고 정치적인 문제들도 있습니다. 저는 이런 문제들이 진짜 문제들이며, 철학적인 문제들은 단순히 우리가 진짜 문제들을 회피할 수 있도록 도와주는 연막일 뿐이라고 생각합니다. 그러므로 저는 우리가 우리의 삶 속에서 용서의 의미를 배우면 배울수록 모두가 잘되고 모든 일이 잘될 것이라는 심오한 신학적 진리를 더 깊이 이해하게 될 것이며, 그 실재를 우리의 고통받는 세상 한가운데서 미리 실현하는 과업을 더 잘 수행하게 되리라 생각합니다.

역자 후기

현대인들에게는 이미 잊힌 사건이 되었지만, 1755년 11월 1일 포르투갈의 리스본을 강타했던 지진은 서구 유럽의 지성사에 깊은 흔적을 남겼습니다. 조용하던 주일 아침에 갑자기 닥쳐온 지진이 사람들이 모여 주일 예배를 드리던 리스본 시의 건물들 거의 전부를 무너뜨렸고, 당시 그 도시의 30만 인구 중 3분의 1에 가까운 생명을 앗아가 버렸습니다. 이 충격적인 사건은 신학자들과 철학자들로 하여금 의로우신 하나님이 어떻게 이런 악을 허용하실 수 있는가 하는 질문을 던지게 만들었습니다. 당시의 볼테르, 칸트, 루소, 헤겔 등의 대표적인 계몽주의 사상가들의 사상도 중요한 부분에서 이 리스본 지진 사건에 대한 지적 응답의 결과로 나타난 것이라고 합니다.

18세기에 리스본 지진이 있었다면, 20세기에는 두 차례의 세계대전과 아우슈비츠, 히로시마와 나가사키의 원폭 투하 사건이 있었습니다. 인류를 경악하게 만든 20세기의 이러한 악은 계몽주의자들의 낙관주의적 꿈을 붕괴했고, 서구 문명이 과학 기술의 발전을 통해 유토피아를 건설할 수 있을 것이라는 생각에 심각한 회의를 품게 만들었습니다.

21세기의 동이 트자마자 대규모 자연재해들이 세계 곳곳에서 성난 듯이 일어나고 있습니다. 2004년 12월에는 인도네시아를 강타하여 17만 5천 명의 사상자를 냈던 쓰나미가 있었고, 올해 5월에는 8만에 육박하는 사상자를 낳은 중국의 쓰촨성 대지진과, 미얀마에서 13만여 명의 사망자 실종자를 낸 사이클론 나르기스의 재앙을 경험했습니다. 그러나 악의 거대한 실체는 이런 사건들보다도 이미 우리에게 훨씬 더 가까이 다가와 있습니다. 우리와 같은 땅에 사는 동포인 북한 주민들은 1995년에 300만이 굶어 죽는 비극을 경험했고, 올해 6월에도 30만 명의 목숨이 벼랑 끝 위기에 처했다고 합니다.

혹시 이러한 악의 문제들이 너무도 위압적이어서 오히려 그 강도가 전달되지 않는다고 느낀다면, 피부로 느낄 수 있는 악의 문제들도 있습니다. 최근에 어린 자녀를 키우는 부모들의 가슴을 서늘하게 만들었던 어린이를 대상으로 한 끔찍한 범죄들이 그것입니다. 이제 매스컴 보도는 현재의 더 크고 끔찍한 소식들 때문에 잦아들었지만, 우리는 여전히 두려움을 느낍니다. 골목길마다 CCTV를 설치하겠다는 계획이나 이동통신 회사에서 위성을 통한 위치추적 시스템 서비스를 제공한다는 소식을 듣기는 했지만, 과연 우리 아이들의 안전에 대해 마음을 놓을 수 있을까요?

톰 라이트는 이 책에서 이러한 악의 문제들에 대한 우리의 전형적인 반응이 세 가지라고 말합니다. 첫째, 악이 자신의 문제로 닥치기 전까지는 그것을 사소한 문제로 여기고 무시합니다. 둘째, 그러다가 악에 정면으로 맞닥뜨리는 순간이 오면 너무 놀란 나머지 혼비백산합니다. 셋째, 그렇게 놀란 결과, 아주 미숙한 방식으로 악에 반응하게 됩니다. 이렇게 악에 대해 미숙한 반응을 보인 구체적인 사례로서 우리는 9/11 이후에 서구에서 일어난 두 가지 반응을 생각해 볼 수 있습니다. 하나는 미국의 부시 대통령의 반응이며, 또 하나는 리처드 도킨스가 일으킨 안티종교 운동입니다. 이 둘의 공통점은 악과 선을 가르는 선(line)을 간단하게 이쪽과 저쪽 사이에 긋는다는 점입니다. 그러고 나서 그들은 저쪽에 있는 악을 박멸해야 한다고 목소리를 높입니다. 부시는 서구의 선량한 우리편(이쪽)과 악의 집단(저쪽)을 가른 뒤, 저쪽에 존재하는 '악의 축'을 제거해야 한다고 주장했습니다. 도킨스는 9/11 사건을 '내세를 믿는 종교'에 의한 테러로 규정하고, 종교야말로 악의 근원이므로 종교를 제거함으로써 악의 문제의 중대한 부분을 해결할 수 있다고 주장합니다. 복잡한 수사를 제거하고 결론을 직시해 보면, 이것은 복잡한 문제에 대한 단순 명쾌한 그러나 지성적으로는 아주 빈약한 해결책입니다. 이와 같은 태도들에 반대하며 톰 라이트는 솔제니친의 '선과 악을 가르는 선은 우리 모두의 가슴을 관통한다'라는 말을 여러 번 인용합니다.

성경은 악에 관해 우리가 가장 궁금해 하는 문제(즉, 악의 기원 문제)에 대해서는 직접 대답하지 않지만, 악의 현실 속에서 우리가 어떻게 올바른 전망을 가지고 살아갈 수 있는지에 대해서는 아주 많은 이야기를 들려줍니다(이 책의 제2장과 3장). 창조 이야기, 노아의 홍수 이야기, 바벨탑 이야기, 아브라함과 그 후손인 이스라엘 백성의 이야기는 곧 하나님이 악의 문제를 다루시는 이야기이며,

그 이야기는 예수님의 십자가 죽음에서 절정에 도달합니다. 우리는 예수님의 십자가에서 인간의 모든 종류의 악이 한 곳에 집중되는 것을 보며, 하나님이 그 모든 악에 대해 철저한 거부와 심판을 선언하심을 보게 됩니다. 그리고 예수님의 부활은 모든 악이 궁극적으로 극복될 것이며, 우리도 예수님과 같은 부활의 혜택을 입게 될 것이고, 이 우주의 드라마가 결국 온 피조세계의 부활이라는 장엄한 대단원을 맞이하게 될 것임을 보여 주는 신호탄입니다.

톰 라이트는, 우리에게 주어진 과제는 "예수 그리스도의 십자가의 성취를 구체적으로 나타내고 하나님이 약속하신 미래 세계를 앞당겨 실현하는 것"이라고 말합니다. 물론 이 과업을 실행하기 위해서는 우리가 성경적인 세계관을 이해해야 하며 그것을 기초로 창조적 상상력을 발휘해야만 합니다. 톰 라이트는 이러한 창조적 상상력을 발휘하는 몇 가지 사례로서, 기도, 거룩함, 올바른 정치권력의 사용, 형법 체계의 개선, 국제간 분쟁을 조정할 권위 기구의 필요성 등에 대해 언급하고, 또한 우리가 용서의 깊은 차원을 재인식하고 실행해야 할 필요성을 보여 줍니다(제4장과 5장).

대학생 시절을 돌아보면 저는 악의 문제를, 톰 라이트의 말처럼, 철학적·신학적 문제로만 생각했고, "하나님은 왜 악을 허용하시는가?"라는 난문에 대하여 논리적으로 설득력 있는 대답을 찾아야 한다고 생각했습니다. 그러나 지금은 악의 문제가 여러 가지 경로를 통해 저의 삶에 충돌해 옴을 느낍니다. 앞에서 언급한 거대한 사건들 외에도, 최근 텔레비전을 통해 살해당한 자녀의 주검 앞에서 통곡하는 부모를 보면서, 돌을 맞이하는 어린 딸을 남겨두고 말기 암으로 고통스럽게 죽음을 맞이해야 하는 한 어머니를 보면서, 저는 악이 불시에 내 삶 깊숙이 쳐들어와서 깊은 상처를 남길 수도 있음을 두려운 마음으로 인식하게 됩니다.

실존적으로 악의 문제를 고민하는 중 제게 위안을 주었던 두 가지 생각이 있습니다. 한 가지는 하나님의 창조 세계가 우리가 일상생활에서 비록 어느 정도 든든히 믿고 의존할 수 있는 대상이 되기는 하지만, 결국 제가 의존해야 할 대상은 창조 세계가 아니라 창조주 하나님 자신이라는 묵상입니다. 저는 때때로 제가 언뜻언뜻 창조 세계 속에서 '사망의 음침한 골짜기'와 같은 장소를 발견한다고 느낍니다. 그 때 저는 창조 세계의 완벽하지 못함에 대해 불평하기보다는 창조주이신 주님의 손을 다시 꼭 붙잡는 것이 지혜로운 일임을 배웁니다. 또 한 가지는, 인류의 모든 악이 집중되었던 예수님의 십자가 안에서 하나님이 예수님과 함께하셨던 것처럼, 악이 그와 같이 우리 삶을 덮쳐 올 때 그 어둠 속에서 하나님이 우리와 함께하실 것이라는 희망을 가질 수 있다는 점입니다.

그러나 악과의 싸움은 개인적, 실존적 차원에서만 이루어질 일이 아닙니다. 오늘날 한국 교회는 "하나님 나라=내세의 천당"이라는 잘못된 공식을 벗어나 하나님 나라에 대한 진짜 성경의 메시지, 정통 기독교가 가르치는 교리를 새롭게 인식해야 할 필요가 있습니다. 예수님이 선포하신 하나님 나라는 예수님의 사역을 통해 지금 이 세상에서 이미 시작되었고(inaugurated), 하나님의 주권에 의해 장차 이 땅 위에 (계 21장의 하늘에서 내려오는 예루살렘의 비전처럼) 완성될 나라입니다. 교회가 이러한 성경적 세계관을 얼마나 뚜렷하게 인식하는가에 비례하여, 교회가 지금 이 세계에서 자신의 소명을 얼마나 더 효과적으로 감당할 수 있는지가 결정될 것입니다. 이런 의미에서 이 책은 오늘날 한국 교회를 위한 성경적 세계관 교과서로도 매우 중요한 역할을 감당할 수 있으리라 생각합니다. 악의 경험이 새롭게 우리를 둘러싸는 이 시대에, 하나님이 우리를 위해 톰 라이트라는 좋은 성경 교사를 허락하신 것에 감사드립니다.

주

1) 시편의 다음 구절들도 참조하라. 시 24:2; 33:7; 46:2; 65:5, 7; 66:6; 68:22; 74:13; 89:9; 95:5; 98:7; 104:25.
2) 구체적인 예로, Susan Neiman, *Evil in Modern Thought: An Alternative History of Philosophy*(Princeton and Oxford: Princeton University Press, 2002)를 보라.
3) Walter Wink, *Naming the Powers*(Philadelphia, PA: Fortress Press, 1984); *Unmasking the Powers*(Philadelphia, PA: Fortress Press, 1986, 「사탄의 가면을 벗겨라」, 한국기독교연구소); *Engaging the Powers* (Minneapolis, MN: Fortress Press, 1992, 「사탄의 체제와 예수의 비폭력」, 한국기독교연구소).
4) 시 88:15-18. NRSV는 마지막 구절을 "내 친구들은 흑암에 있나이다" ("my companions are in darkness")로 번역했다. 그러나 다른 많은 주석가나 번역과 마찬가지로 나는 이 번역을 선호한다.
5) N. T. Wright, *Jesus and the Victory of God*, Christian Origins and the Question of God series(London: SPCK, 1996), 「예수와 하나님의 승리」, 크리스찬다이제스트.
6) 주 5를 보라.

7) N. T. Wright, *The Challenge of Jesus*(London: SPCK, 2000), 「Jesus 코드: 역사적 예수의 도전」, 성서유니온.
8) Desmond Tutu, *No Future Without Forgiveness: A Personal Overview of South Africa's Truth and Reconciliation Commission*(London: Rider, 2000).
9) 주 3을 보라.
10) Miroslav Volf, *Exclusion and Embrace: A Theological Exploration of Identity, Otherness and Reconciliation*(Nashville, TN: Abingdon Press, 1994).
11) L. Gregory Jones, *Embodying Forgiveness: A Theological Analysis* (Grand Rapids, MI: Eerdmans, 1995).
12) 주 8을 보라.
13) N. T. Wright, *Matthew for Everyone: Part 2, Chapters 16-28*(London: SPCK, 2002).

인명 및 주제 색인

인명

Addison, Joseph
  악에 대한 인식(perception of evil) 18-19
Adorno, Theodor 32
Aquinas, Thomas 131
Barth, Karl
  진보 교리에 관한(on the doctrine of progress) 21
Blair, Tony 7, 15
Bonhoeffer, Dietrich 65
Bush, George W. 7, 14
Carter, Sydney 107
Darwin, Charles 20
Donne, John 80
Dostoevsky, Fyodor 80
  진보 교리에 관한(on the doctrine of progress) 22
Eliot, T. S. 160
Epictetus 33
Freud, Sigmund 31
  구속에 관한(on redemption) 22
Hegel, G. W. F.
  과 진보 교리(and the doctrine of progress) 22
Heisenberg, W. K. 132
Jones, L. Gregory
  용서에 관한(on forgiveness) 156
Julian of Norwich 160
Jung, Carl
  과 악의 투사(and projection of evil) 128
Lewis, C. S.
  악에 대한 하나님의 승리에 관한 (on God's victory over evil) 163
  사탄을 인식함에 관한(on percep-

tions of the satan) 127
Mann, Thomas
  악에 관한(on evil) 40
Marx, Karl 31
  구속에 관한(on redemption) 22
Mingus, Charlie 32
Neiman, Susan 19
Nietzsche, Freidrich 31
Peck, M. Scott
  악에 관한(on evil) 38-39
Pullman, Philip 147
Solzhenitsyn, Aleksandr
  선과 악에 관한(on good and evil) 40-41
Steiner, George 34
Tutu, Desmond
  용서에 관한(on forgiveness) 156, 159
Volf, Miroslav
  용서와 악으로부터의 구원에 관한(on forgiveness as deliverance from evil) 154, 160, 172, 176
Williams, Bernard
  진리에 관한(on truth) 31
Wink, Walter
  집단적 인격과 그 위험에 관한(on corporate personalities and their dangers) 130

주제

9/11(September 11th 2001) 7, 9, 14-15, 27
가나안 정복(Canaan, conquest) 63-66
간음(adultery) 24
개인적 인간성과 악(individual humanity, and evil) 51
거룩(holiness) 154
  새 창조의 예기로서의(as anticipation of new creation) 140
「거짓의 사람들」(펙)[*People of the Lie*(Peck)] 38
검열(censorship) 24
겟세마네(Gethsemane) 80, 84
계몽주의(Enlightenment)
  속죄 신학에 끼친 영향(effects on atonement-theology) 87-88
  와 악(and evil) 47
고난받는 종(Suffering Servant) 70, 72-75, 80, 81, 87, 107, 111
공동체의 회복, 속죄를 통한(community restoration, through the atonement) 118-119
관용, 용서와의 구별(tolerance, distinguished from forgiveness) 176
교회(church)
  속죄의 역할(atonement role) 113-114
  악에 대해 승리하는 사람들의 공동체로서의(as the community of

those who are victorious over evil) 162
에서의 용서(forgiveness within) 178-180, 181, 182
구속(redemption)
비기독교적 관점들(non-Christian views) 22
포스트모더니티가 허용하지 않는 (postmodernity disallows) 35
구약 성경(Old Testament)
악에 관한(on evil) 48-84, 86, 117, 153
에서의 권세(powers within) 125
또한 신약 성경의 각 책에 대해서는 '성경별 주제 색인'과 '이스라엘'(Israel)을 보라.
국제 관계, 하나님의 정의에 비추어 본 실천(international relations, practice in the light of God's justice) 145-146
국제사법재판소(International Criminal Court) 145-146
국제연합(United Nations) 145
국제적인 부채(international debt) 23, 142
용서(탕감) forgiveness 171-173, 185-186
권세(the powers) 125-133
복음서에서의 역할(role in the gospels) 153
귀신들림, 집단적 제도의(possession, of corporate institutions) 40

'그 때 그들은 알게 될 것이다'(찬송가)['Then shall they know' (hymn)] 110
금송아지, 숭배(golden calf, worship) 62
기도(prayer) 154
새 창조의 예기로서의(as anticipation of new creation) 138-139, 140
기독교 윤리(Christian ethics) 139
기독교, 악에 대한 응답(Christianity, response to evil) 42-45
「까라마조프 씨네 형제들」(도스토예프스키)[*The Brothers Karamazov* (Dostoevsky)] 22, 80

「네 개의 사중주」(엘리엇)[*Four Quartets*(Eliot)] 160

다윗 왕국, 과 악의 문제(Davidic monarchy, and the problem of evil) 66-67
도덕적 악(moral evil) 15, 19
도덕적 둔감함(moral weakness) 173
독일기독당(Deutsche Christen party) 123
땅(earth) '피조세계'(creation), '새 창조'(new creation)를 보라.
땅, 과 인간(land, and human beings) 54, 56-58

로마, 복음서에서의 역할(Rome, role in the gospels) 90, 153
리스본 지진(1755년 만성절), 과 악에 대한 인식[Lisbon earthquake (All Saints' Day 1755), and perceptions of evil] 18-19
"리틀 기딩"(엘리엇)["Little Gidding" (Eliot)] 160

마귀, 악마(the demonic) 39
　복음서에서의(in the gospels) 91
맬서스주의, 와 악(Malthusianism, and evil) 20-21
메시아(Messiah)
　복음서에서의(in the gospels) 97
　속죄에서의 역할(role in the atonement) 109
문화를 탓함, 악에 대한 반응으로서 (blame culture, as response to evil) 29-30
미국의 민주주의(USA, democracy) 37
민주주의의 결함(democracy, flaws) 37-38, 41, 47

바다(sea)
　복음서에서의 상징(symbolism within the gospels) 92
　하나님께 복종하는(subjection to God) 11-13
　혼돈으로서의(as chaos) 11-13
바리새인(Pharisees) 91

바벨탑(tower of Babel) 53, 58
바울(Paul, St)
　복음서의 관점에서 본 이스라엘에 관한(on Israel in the light of the gospels) 91
　새 창조에 관한(on new creation) 135-137, 140, 158
　속죄 신학(atonement-theology) 103, 109
　악으로부터의 구원에 관한(on deliverance from evil) 167
　용서에 관한(on forgiveness) 180
　우상 숭배에 관한(on idolatry) 131
　의의 성취에 관한(on the achievement of righteousness) 86
　또한 '성경별 주제 색인'을 보라.
배제(개념)[exclusion(concept)] 155, 161, 179-180, 190
「배제와 포용」(볼프)[*Exclusion and Embrace*(Volf)] 154, 160, 161, 172
범신론, 과 악(pantheism, and evil) 20
보편주의(universalism) 163
복음(개념)[gospel(concept)] 90
복음서(gospels)
　의 속죄 신학(atonement-theology) 47-54, 56-59, 61-62, 64, 85
　또한 '신약 성경'(New Testament)을 보라.
부활(resurrection)

과 속죄(and atonement) 117-118
과 용서(and forgiveness) 166, 169-171
을 통한 죽음의 정복(defeat of death) 134
악의 극복으로서의(as the overcoming of evil) 101-103
불교, 악에 관한(Buddhism, on evil) 35
불확실성의 원리(uncertainty principle) 132
블랙홀(black holes) 125, 132
비인간화(dehumanization) 34, 49

사두개인, 복음서에서의 역할(Sadducees, role in the gospels) 153
사랑(love) 187-188
속죄에 나타난(within the atonement) 108-112, 113
사탄(satan) 49, 77-78, 81, 125-129
복음서에서의(in the gospels) 91-92
산상수훈(Sermon on the Mount) 97-99
상상력, 악이 없는 새 창조의 실현을 위한 사용(imagination, use for the realization of new creation without evil) 146-150
새 예루살렘(new Jerusalem) 134
새 창조(new creation)

악이 없는(without evil) 133-138, 146-150, 154, 159
악이 존재하지 않는(in the absence of evil) 120-124
에서 바다의 역할(sea's role) 12, 16
예수의 부활을 통해 건설된(established through Jesus' resurrection) 118
와 악으로부터의 구원(and deliverance from evil) 150
의 예기(anticipation) 138-140
죄 용서/부활로서의(as forgiveness of sins/resurrection) 103
선(good)
과 악(and evil) 40-41
복음서에서의(within the gospels) 92-94
악의 결핍으로서의(deprivation as evil) 131
성적 방종(sexual licentiousness) 24, 26-27
성전 정화(Temple, cleansing) 87, 97, 104
성찬식, 속죄 신학(eucharist, atonement-theology) 89, 104-105, 108, 111
「성회 수요일」(엘리엇)[*Ash Wednesday*(Eliot)] 160
소함에서의 살인사건[Soham murders (2003)] 15, 25
속죄(atonement) 182

복음서에서의(in the gospels) 88-108, 112-113, 117-118, 153
승리자 그리스도(Christus Victor) 109, 132-133
십자가형(crucifixion) 105-106
악(evil) 86-88, 108-115, 117-120
종말론(eschatology) 118-119
또한 '예수'(Jesus)를 보라.
승리자 그리스도(Christus Victor) 109, 132
시작된 종말론(inaugurated eschatology) 137-140
과 용서(and forgiveness) 171-187
시험(peirasmos) 100
식탁 교제, 복음서에서의(table fellowship, within the gospels) 96
신약 성경(New Testament)
속죄 신학(atonement-theology) 101
에서의 권세(powers within) 125
또한 '복음서'(gospels)를 보라.
신약 성경의 각 책에 대해서는 '성경별 주제 색인'을 보라.
신정론(theodicy) 49
실존주의(existentialism) 32
심리학, 과 악(psychology, and evil) 38-39
심판, 바다를 통한 집행(judgment, enactment through the sea) 12

십자가(the cross) 110, 111, 112, 113, 114, 115
와 악(and evil) 7-8, 14, 16
십자가형, 속죄 신학(crucifixion, atonement-theology) 105-108
쓰나미[tsunami(Boxing Day 2004)] 9, 15

아모리인(Amorites) 64
아브라함, 소명(Abraham, call) 50, 52-53, 55, 57, 58, 59, 60
아시리아인(Assyrians) 64
아우슈비츠, 진보 교리에 대한 도전으로서의(Auschwitz, as challenge to the doctrine of progress) 22
악(evil) 47-48, 75, 153-154
과 속죄(and atonement) 85-88, 108-115, 118-119
과 십자가(and the cross) 8, 14, 16, 17
구약 신학(Old Testament theology) 47-84
권세(powers) 125-133
복음서에서의(within the gospels) 92-95
부활에 의한 극복(overcome by the resurrection) 102-103
새 창조로부터의 배제(exclusion from new creation) 158-159, 161-170, 191-192
새 창조를 이루는 수단으로서의 규명(identification as a means

to new creation) 155
새 창조에는 없는(absence from the new creation) 10-124, 133-137, 146-150
실재(reality) 175
    심리적 양상들(psychological aspects) 38-39
    에 대한 기독교의 반응(Christian responses to) 42-45
    에 대한 부적절한 반응(inappropriate reactions to) 27-31
    에 대한 분석들(analyses of) 35-42
    에 대한 인식(perceptions about) 14-17
    에 대한 하나님의 승리(God's victory over) 158-170
    에 대한 현대적 인식(contemporary perceptions about) 17-31
    용서를 통한 ~으로부터의 구원 (deliverance from through forgiveness) 153-158, 166-170, 187-190
    용서에 의한 극복(overcome by forgiveness) 189-192
    을 무시하려는 시도들(attempts to ignore) 22-25
    의 투사(projection of) 29
    이 놀라게 함(effects surprise) 25-26
    이스라엘의 역할(Israel's role) 51, 59-66
    포스트모더니티에서의(within postmodernity) 31-35
'악의 축'('axis of evil') 7
악인(the wicked)
    에 대한 심판(judgment upon) 61-63
    의 악(evil) 48-49
알 카에다(Al-Qaeda) 23, 27
야곱(Jacob) 60
어린이에 대한 성도착(paedophilia) 24, 27, 176
여호와(yhwh) '하나님'(God)을 보라.
에덴, 으로부터의 인류의 추방(Eden, humanity's expulsion from) 56-57, 58
여성(women)
    복음서에서 예수님을 따르는 사람들로서의 역할(role in the gospels as Jesus' followers) 90-93
영국의 민주주의(Britain, democracy) 37-38
예루살렘의 제사장들(Jerusalem priesthood)
    복음서에서의 부패(corruption in the gospels) 91
예수(Jesus)
    부활(resurrection) 102-103, 118-120, 134
    사탄의 유혹(tempted by the satan) 125-126, 129
    세속적 권위보다 우월한 ~의 권위

(authority superior to worldly authorities) 141-143
속죄의 그림자로서의 공생애(public career as a reflection of the atonement) 94-100
십자가형(crucifixion) 84
죽음과 그 효과(death and its effects) 159-160
하나님의 목적에 비추어 본 죽음(death in the light of God's purposes) 85
또한 '속죄'(atonement)를 보라.
「예수와 하나님의 승리」(라이트)[*Jesus and the Victory of God* (Wright)] 85, 95
예술, 과 악이 없는 새 창조의 실현(art, and the realization of new creation without evil) 147-148
「오류들」(스타이너)[*Errata*(Steiner)] 34
오순절, 과 악의 문제(Pentecost, and the problem of evil) 54
요셉, 과 하나님의 섭리(Joseph, and God's providence) 60
「용서 없이는 미래도 없다」(투투)[*No Future Without Forgiveness* (Tutu)] 156, 159
용서(forgiveness) 17, 150
　악으로부터의 구원으로서(as deliverance from evil) 153-158, 168-170, 188-190
　와 시작된 종말론(and inaugurated eschatology) 171-187
　와 악의 극복(and the overcoming of evil) 189-192
　하나님이 악을 정복하시는 수단으로서(as the means whereby God defeats evil) 159, 164-167
「용서의 구현」(존스)[*Embodying Forgiveness*(Jones)] 156
용서하지 않는 종, 비유(unforgiving servant, parable) 171-172, 182-185
우상 숭배(idolatry) 49, 127, 130-131
원죄(Original Sin)
　포스트모더니티의 거부(postmodernity's refusal to accept) 33
유대인 대학살, 과 포스트모더니티(Holocaust, and postmodernity) 32
유대인 혁명가들, 복음서에서의(Jewish revolutionaries, in the gospels) 91-92
유럽 민주주의(European democracy) 37
유럽 철학, 과 악의 문제(European philosophy, and the problem of evil) 19-21
의[righteousness(*tzaddik*)] 36
의료상의 돌봄(medical care) 142
의인, 고난당하는(righteous, suffering) 68, 76-78
의지의 약함(akrasia) 38
이라크 전쟁(Iraq war) 7

이스라엘(Israel)
  과 악의 문제(and the problem of evil) 51, 59-66, 71-72, 76-77, 83, 86-87, 117-118, 153-154
  바다에 대한 ~의 관점(views of the sea) 12-14
  복음서에서의 부패(corruption as seen within the gospels) 91
  예수님과 동일시 된(identified with Jesus) 97-100
이슬람교, 악에 대한 ~의 관점(Islam, on evil) 36
이신칭의(justification by faith) 189
이야기(story)
  구약 성경에서의 사용(use in the Old Testament) 49-51, 153
  속죄에서의(within the atonement) 108
이원론, 새 창조에서(dualism, within new creation) 121-122
이집트, 에 대한 심판(Egypt, judgment upon) 61
인간 권위, 그리스도의 권위에 종속된(human authorities, subordination to Jesus' authority) 141-143
인간(human beings)
  과 땅(and land) 54, 56-57
  죄(sin) 65, 81-82
  책임(responsibility) 34
인간성, 용서를 통한 성취(humanity, achievement through forgiveness) 157

인자(Son of Man) 75, 76, 87
  복음서에서의(in the gospels) 97, 112

자기 용서, 악으로부터의 구원으로서(self-forgiveness, as delivery from evil) 188-190
자본주의, 새 창조 내에서 합법성이 의심되는(capitalism, legitimation questioned within new creation) 124
자살(suicide) 33
자아, 해체(the self, deconstruction) 32
자연적 악(natural evil) 15, 19
자유의지 옹호론(free-will defence) 83
'저 높고 푸른 하늘과'(애디슨), 와 악의 인식['The spacious firmament on high'(Addison). and perceptions of evil] 18-19
'저 멀리 푸른 언덕에'(찬송가 146), 와 속죄 신학['There is a green hill far away'(hymn), atonement-theology] 87, 88
전쟁, 과 악(war, and evil) 17
정치 권력, 하나님의 정의에 비추어 본 ~의 사용(political power, practice in the light of God's justice) 142-143
제1차 세계대전(First World War)

123
　진보 교리에 대한 도전(challenge to the doctrine of progress)　21
제국, 새 창조 속에서 합법성이 의심되는(empire, legitimation questioned within new creation)　123-124
종말론, 과 속죄(eschatology, and the atonement)　109, 118-120
　또한 '시작된 종말론'(inaugurated eschatology)을 보라.
죄, 사탄에 의해 사용되는(sin, used by satan)　125-127
죄악들, 용서(sins, forgiveness)　103, 111-112
주기도문, 에서의 용서(Lord's Prayer, forgiveness within)　181
주의 만찬, 속죄 신학(Lord's Supper, atonement-theology)　89, 104-105, 108, 111
죽음(death)　101-102
　부활을 통해 극복되는(defeated in the resurrection)　134-135
　복음서에서의(within the gospels)　92
　사탄의 목적으로서의(as satan's aim)　126-127
　을 무시하려는 시도(attempts to ignore)　26
　하나님의 저주로서의(curse given by God)　57

지구 제국, 과 악(global empire, and evil)　17
진리, 에 대한 공격(truth, attacks on)　31-32
「진리와 진리성」[*Truth and Truthfulness*(Williams)]　31
진보, 교리(progress, doctrine)　20-23
진보주의, 새 창조에서의(progressivism, within new creation)　122-124
진실과 화해 위원회(Commission for Truth and Reconciliation)　156
집단적 인격, 위험(corporate personalities, dangers)　132
집단적 제도, 귀신들림(corporate institutions, possession)　40

천국(heaven)　'새 창조'(new creation)를 보라.
「천국과 지옥의 이혼」(루이스)[*The Great Divorce*(Lewis)]　163
축귀(exorcism)　127
치유, 속죄 신학(healings, atonement-theology)　95, 105-108, 112-113, 119

카스트 제도(caste system)　143

테러(terrorism)　23, 26-27
　에 대한 용서(forgiveness)　172-173, 185-187

투사, 악에 대해 생각할 때의 위험
  (projection, dangers in thinking
  about evil) 128-130

「파우스트 박사」(만)[Doctor Faustus
  (Mann)] 40
포로기(Exile)
  속죄 신학에 사용된 상징으로서
    (symbolism used in atonement-
    theology) 107
  와 악(and evil) 52, 57(추방), 71
포스트모더니티, 와 악(postmodernity,
  and evil) 19-20, 31-35, 47
포용(개념)[embrace(concept)]
  154, 190
플라톤주의, 악에 대한 ~의 관점
  (Platonism, on evil) 36
피조세계(creation)
  노예됨(enslavement) 82
  하나님의 개입(God's involvement
    in) 42
  회복(restoration) 79-80, 83
  또한 '바다'(sea)를 보라.

하나님(God)
  과 악(and evil) 18, 28
  과 악의 극복(and the overcoming
    of evil) 87
  과 피조세계에 대한 개입(involve-
    ment in creation) 42
  악에 대한 승리(victory over evil)
    158-170
  악에 대한 행동(action on evil)
    48-49, 52-58
  예수님의 죽음과 관련한 목적들
    (purposes in relation to Jesus'
    death) 85
  의 나라(kingdom) 90, 106
  의 의와 정의(righteousness and
    justice) 70-75, 77, 82
  의 정의(justice) 136, 141-146,
    154
  의 주권(sovereignty) 11-13, 79-
    81
  이스라엘을 통한 악에 대한 행동
    (action on evil through Israel)
    61-66
하나님의 나라(kingdom of God)
  90, 106
하나님의 어린양, 죄를 정복하신
  (Lamb of God, conquers sin)
  162
하늘 보좌의 장면, 요한계시록에서
  의 (throne-room scene, in
  Revelation) 161
합법적 권위(legitimate authority)
  145
해체(deconstruction) 31, 32
허리케인 카트리나[Hurricane Katri-
  na (August 2005)] 9, 15, 28,
  141
헤롯주의자, 복음서에서의 역할
  (Herodians, role in the gospels)
  153

현대 세계, 악에 대한 인식(contemporary world, perception of evil) 17-31
형벌, 과 악(punishment, and evil) 17
형사적 정의(criminal justice)
  와 악(and evil) 17
  와 용서(and forgiveness) 173-175, 186
  하나님의 정의에 비추어 본(in the light of God's justice) 143-144
혼돈, 바다로 상징되는(chaos, symbolized by the sea) 11-14, 92
홍수(the flood) 44, 55-56, 58
홍해, 건넘(Red Sea, crossing) 12
「황무지」(엘리엇)[*The Waste Land* (Eliot)] 160
회개, 보편적 회개의 부족(repentance, lack of universal repentance) 171
회복하는 정의(restorative justice) 144, 174
희년의 명령(Jubilee commandment) 181
힌두교, 악에 대한 ~의 관점(Hinduism, on evil) 36

성경별 주제 색인

구약 성경과 외경

창세기
  악에 관한(on evil) 49, 50-51, 52-59, 66
  에서의 사탄(satan within) 126
  와 새 창조의 그림(and the picture of new creation) 148
  이스라엘과 악(Israel and evil) 59-66

출애굽기 30-31장
  새 창조의 패턴으로서(as pattern for new creation) 137
  속죄 신학에 사용된 상징(symbolism used in atonement-theology) 107

레위기, 희년의 명령(Jubilee commandment) 181

사사기, 이스라엘과 악에 관한(on Israel and evil) 64-65

역대상, 에서의 사탄(satan within) 78, 125

욥기
  악에 관한(on evil) 52, 68, 70, 76-81, 86
  에서의 사탄(satan within) 125

시편
  과 바다(and the sea) 12-13
  악에 관한(on evil) 48, 64, 66-70
  악으로부터의 구원에 관한(on deliverance from evil) 167-168

이사야
  악에 반하는 하나님의 섭리(on God's providence against evil) 64
  하나님의 의와 정의에 관한(on God's righteousness and justice)

70-74, 79
다니엘
  바다(the sea)   13
  악에 관한(on evil)   74-77
  에서의 사탄(satan within)   126
  용서(forgiveness)   180-181
스가랴, 에서의 사탄(satan within)   125
제4에스라   137

신약 성경

마태복음
  용서에 관한(on forgiveness)   171-172, 178-180, 182-184
  의 속죄 신학(atonement-theology)   97-99
마가복음, 의 속죄 신학(atonement-theology)   88

누가복음, 의 속죄 신학(atonement-theology)   89, 96
로마서
  새 창조에 관한(on new creation)   135-137, 140, 146, 148
  악으로부터의 구원에 관한(on deliverance from evil)   167
  합법적인 권위에 관한(on legitimate authority)   145
에베소서, 용서에 관한(on forgiveness)   180
골로새서, 거룩한 삶에 관한(on holy living)   140
요한계시록
  새 창조에서 바다의 역할(sea's role in new creation)   11, 16
  에서의 새 창조(new creation in)   133-134, 138, 158, 161-162

옮긴이 노종문은 한국과학기술원(B.S.)을 졸업하고 IVF 대전 지방회 간사를 역임했다. 이후 장로회신학대학교 신학대학원(M.Div)과, 예일대학교(S.T.M., 신약성서학)에서 공부했으며, IVP 편집장을 역임했다. 역서로는 「영성지도와 상담」, 「영성 훈련 핸드북」, 「거룩한 사귐에 눈뜨다」(이상 IVP), 「세상 권세와 하나님의 교회」(복있는사람) 등이 있다.

악의 문제와 하나님의 정의

초판 발행_ 2008년 6월 20일
초판 8쇄_ 2022년 8월 5일

지은이_ 톰 라이트
옮긴이_ 노종문
펴낸이_ 정모세

펴낸곳_ 한국기독학생회출판부
등록번호_ 제2001-000198호(1978.6.1)
주소_ 04031 서울 마포구 동교로 156-10
대표 전화_ (02)337-2257 팩스_ (02)337-2258
영업 전화_ (02)338-2282 팩스_ (02)080-915-1515
홈페이지_ www.ivp.co.kr 이메일_ ivp@ivp.co.kr
ISBN 978-89-328-4051-2

ⓒ 한국기독학생회출판부 2008

책값은 뒤표지에 있습니다.
무단 전재와 복제를 금합니다.